# BEI GRIN MACHT SIC
# WISSEN BEZAHLT

- Wir veröffentlichen Ihre Hausarbeit, Bachelor- und Masterarbeit

- Ihr eigenes eBook und Buch - weltweit in allen wichtigen Shops

- Verdienen Sie an jedem Verkauf

Jetzt bei www.GRIN.com hochladen und kostenlos publizieren

# Online-PR in österreichischen Unternehmen mittels Social Media. Visuelle Kommunikation über Instagram und Facebook

Barbora Penkava

**Bibliografische Information der Deutschen Nationalbibliothek:**

Die Deutsche Nationalbibliothek verzeichnet diese Publikation in der Deutschen Nationalbibliografie; detaillierte bibliografische Daten sind im Internet über http://dnb.d-nb.de abrufbar.

ISBN: 9783346262899
Dieses Buch ist auch als E-Book erhältlich.

© GRIN Publishing GmbH
Nymphenburger Straße 86
80636 München

Alle Rechte vorbehalten

Druck und Bindung: Books on Demand GmbH, Norderstedt Germany
Gedruckt auf säurefreiem Papier aus verantwortungsvollen Quellen

Das vorliegende Werk wurde sorgfältig erarbeitet. Dennoch übernehmen Autoren und Verlag für die Richtigkeit von Angaben, Hinweisen, Links und Ratschlägen sowie eventuelle Druckfehler keine Haftung.

Das Buch bei GRIN: https://www.grin.com/document/926141

SEMINARARBEIT

Titel der Seminararbeit

„Online Kommunikation österreichischer Unternehmer mittels social Media Plattformen, mit dem Fokus auf die visuelle Kommunikation"

Verfasst von

**Barbora Penkava, Bsc.**

**Gender-Erklärung**

Aus Gründen der besseren Lesbarkeit wird in dieser Seminararbeit die Sprachform des generischen Maskulinums angewendet. Es wird an dieser Stelle darauf hingewiesen, dass die ausschließliche Verwendung der männlichen Form geschlechtsunabhängig verstanden werden soll.

Für alle personenbezogenen Angaben, sofern sie nicht Berufsbezeichnungen darstellen, wurde die männliche Form verwendet, um den Lesefluss nicht zu beeinträchtigen. Dies soll jedoch keinesfalls eine Geschlechterdiskriminierung oder Verletzung des Gleichheitsgrundsatzes zum Ausdruck bringen.

# Inhalt

1. Einleitung ............................................................................................................. 5
1.1 Problemstellung, Zielsetzung und das Forschungsinteresse ................................ 6
1.2 Aufbau der Arbeit ................................................................................................ 7
2. PR und Online PR .................................................................................................. 7
2.1 Die Abgrenzung der Öffentlichkeitsarbeit ........................................................... 12
3. Social Media und Visuelle Kommunikation ........................................................... 13
3.1 Soziale Netzwerke ................................................................................................ 14
3.2 Visuelle Kommunikation ..................................................................................... 16
3.2.1 Storytelling ........................................................................................................ 18
3.2.2 Instagram .......................................................................................................... 19
3.2.3 Facebook ........................................................................................................... 25
4. Methode und Untersuchungsdesign ....................................................................... 26
4.1 Forschungsfragen und Hypothesen ..................................................................... 26
4.2 Operationalisierung ............................................................................................. 33
4.3 Daten und Methoden ........................................................................................... 36
4.3.1 Bestimmung der Grundgesamtheit ................................................................... 36
4.3.2. Stichprobe ........................................................................................................ 37
4.3.3 Methode ............................................................................................................ 38
5. Ergebnisse ............................................................................................................... 39
5.1 Beantwortung der Forschungsfragen und Hypothesen ....................................... 41
6. Zusammenfassung und Diskussion der Ergebnisse ............................................... 72
6.1 Zusammenfassung der Ergebnisse ...................................................................... 73
6.2 Diskussion ............................................................................................................ 76
Literaturverzeichnis ................................................................................................... 77
Anhang ....................................................................................................................... 89

# Abbildungsverzeichnis

Abbildung 1 .................................................................................................................. 21
Abbildung 2 .................................................................................................................. 22
Abbildung 3 .................................................................................................................. 23
Abbildung 4 .................................................................................................................. 28
Abbildung 5 .................................................................................................................. 42
Abbildung 6 .................................................................................................................. 43
Abbildung 7 .................................................................................................................. 44
Abbildung 8 .................................................................................................................. 45
Abbildung 9 .................................................................................................................. 47
Abbildung 10 ................................................................................................................ 48
Abbildung 11 ................................................................................................................ 50
Abbildung 12 ................................................................................................................ 51
Abbildung 13 ................................................................................................................ 53
Abbildung 14 ................................................................................................................ 55
Abbildung 15 ................................................................................................................ 57
Abbildung 16 ................................................................................................................ 59
Abbildung 17 ................................................................................................................ 60
Abbildung 18 ................................................................................................................ 61
Abbildung 19 ................................................................................................................ 62
Abbildung 20 ................................................................................................................ 62
Abbildung 21 ................................................................................................................ 64
Abbildung 22 ................................................................................................................ 65
Abbildung 23 ................................................................................................................ 66
Abbildung 24 ................................................................................................................ 68
Abbildung 25 ................................................................................................................ 70
Abbildung 26 ................................................................................................................ 72

## 1. Einleitung

Ab dem Jahr 1989 begann die Kommerzialisierung des World Wide Webs, eine neue Ära-**Ära des Internets**. In den ersten etwa 15 Jahren ein- eher privilegiertes Werkzeug. Mittlerweile hat sich alles verändert. Internet, beziehungsweise das Smartphone ist heutzutage ein „Must Have" in den industriellen Staaten. Mit der Gründung von Facebook im Jahre 2004 startete eine Welle der sozialen Medien. Egal ob Facebook, Instagram oder Snapchat, die Auswahl ist groß. Da soziale Netzwerke zu einem fixen Bestandteil unserer Leben geworden sind, spielen sie auch in der Öffentlichkeitsarbeit eine enorm wichtige Rolle. [1]

Der Fokus der Öffentlichkeitsarbeit richtet sich nach dem menschlichen Aspekt, im Gegensatz zum Marketing, das auf den Umsatz konzentriert ist. Die Aufgabe der Öffentlichkeitsarbeit ist, unter anderem, das Unternehmen zu präsentieren, sein Image, seine Glaubwürdigkeit, sowie das Prestige zu fördern. Früher war die Öffentlichkeit nicht direkt ansprechbar. Aufgrund des neuen Internetzeitalters besteht eine wechselseitige Kommunikation mit der Öffentlichkeit. [2]

Die zentrale Aufgabe von Medien ist Informationsvermittlung. Durch die sozialen Medien gibt es immense Menge an Informationen in diversen Formen wie: Bilder, Sprache, Text- vor allem aufgrund des breiten Angebots, sowie des häufigen Konsums. Deshalb ist es wichtig aus der Masse „herauszustechen". Beispielsweise zeichnen sich Bilder durch ein hohes Emotionalisierungspotential aus, welches sich auf die Rezeption von Inhalten auswirkt.[3]

Mittlerweile rufen Menschen ihre Accounts auf den sozialen Netzwerken häufiger ab, als sie Wasser trinken, was man eventuell an der stets wachsenden Anzahl der Accounts ablesen kann. [4] Befragungen der Experten aus Marketing und Kommunikation zeigen, dass die social Media Plattform Instagram (Onlinedienst zum Teilen von Fotos und Videos) die Führung unter den Kommunikationskanälen übernimmt und mehr als die Hälfte schätzt einen weiteren Anstieg an Bedeutung für die PR. [5] Denn wer eine Marke aufbauen will, sollte in den sozialen Medien Präsenz zeigen. Der Einstieg ist jederzeit möglich und das macht diesen Trend aus Vereinigten Staaten so interessant. [6]

---

[1] Vgl. Kühl/ Beuth, 2019
[2] Vgl. Bogner, 2005: S.36
[3] Vgl. Lobinger, 2012: S.82f
[4] Vgl. Antworx, 2019
[5] Vgl. APA, 2020
[6] Vgl. Platzer, 2019

Der Medientheoretiker JWT Mitchell (1994) prägte den Begriff „die illustrierte Wende", welche eine Reorientierung der modernen Gesellschaft zum Bildmaterial beschreibt. Fast 30 Jahre später werden Bilder, vor allem dank des allgegenwärtigen Zugangs zu Technologien und des Gebrauchs der sozialen Medien, allgegenwärtig. Deshalb ist es für die Öffentlichkeitsarbeit wichtig, zu verstehen wie bedeutend die visuelle Kommunikation heutzutage ist. [7]

## 1.1 Problemstellung, Zielsetzung und das Forschungsinteresse

In den vergangenen Jahren hat sich die Unternehmenskommunikation deutlich verändert. Die herkömmliche PR Arbeit, vor allem hinsichtlich der Printmedien, rückt immer weiter in den Hintergrund und die Online PR gewinnt zunehmend an Bedeutung. So auch in der Forschung. Die Untersuchung der Online PR, sowie die Nutzung sozialer Netzwerke erfreuen sich immer größerer Beliebtheit des Forschungsinteresses. Insbesondere die visuellen sozialen Netzwerke wie Instagram boomen weltweit. Da sich hierbei um ein relativ neues Thema handelt, gibt es auf diesem Gebiet vergleichsweise wenig Forschung, vor allem in Österreich. Deshalb spielt es eine beachtliche Rolle zu untersuchen, in welcher Art und Weise die neuen Kommunikationsformen- soziale Netzwerke, wie beispielsweise Instagram, YouTube, Snapchat von österreichischen Unternehmen genutzt werden und von welchen Faktoren diese beeinflusst werden.

Ziel dieser empirischen Forschungsarbeit ist zu untersuchen welche sozialen Netzwerke die österreichischen Unternehmer nutzen. Wie sie diese nutzen und wie die Nutzung von den Faktoren: Branche, Zielgruppe- hinsichtlich des Alters und Geschlechts, Betriebsgröße- hinsichtlich der Mitarbeiteranzahl und der Umsatzerlöse, sowie dem Alter des Unternehmens beeinflusst wird, wobei der Schwerpunkt dieser Arbeit auf der visuellen Kommunikation liegt. Ebenfalls wird untersucht wie die österreichischen Unternehmen die Kommunikation mittels Bilder im Vergleich zum Text bewerten.

Das Ziel wird anhand der quantitativen Forschung in Form von einer Online Umfrage mithilfe einer zufälligen Stichprobe untersucht. Laut der Aurelia Datenbank gibt es in Österreich 643.081 Unternehmen. Davon werden 4 Branchen ausgewählt: Handel; Instandhaltung und Reparatur von Kraftfahrzeugen; Beherbergung und Gastronomie und Erbringung von Finanz-

---

[7] Vgl. Collister/ Roberts-Bowman, 2018: S.13f

und Versicherungsdienstleistungen, welche knapp einem Drittel aller Unternehmen in Österreich entsprechen. Die Branchen repräsentieren die materiellen Güter, die immateriellen Güter, sowie einen Mix aus Beiden.

## 1.2 Aufbau der Arbeit

Diese Seminararbeit ist in sechs Kapiteln aufgeteilt. Das erste Kapitel stellt das Thema dieser wissenschaftlichen Arbeit vor und umfasst die Einleitung, Problemstellung, Zielsetzung und das Forschungsinteresse, sowie den Aufbau der Arbeit. Das zweite Kapitel, behandelt die theoretische Einführung in die PR und der Online PR. Das dritte Kapitel befasst sich mit der theoretischen Einführung der sozialen Medien, einzelner sozialer Netzwerke und der visuellen Kommunikation. In diesem Kapitel werden ebenfalls Forschungsergebnisse und diverse Statistiken präsentiert. Das vierte Kapitel behandelt die Methode und das Untersuchungsdesign. Die Unterkapitel setzen sich aus den Forschungsfragen und Hypothesen, Operationalisierung, Bestimmung der Grundgesamtheit, Stichprobe und Methode. Das fünfte Kapitel ist das Herzstück dieser Arbeit und behandelt die Forschungsergebnisse. Das letzte Kapitel präsentiert eine kurze Zusammenfassung und Schlussbetrachtung der Ergebnisse, einen Ausblick für weitere Forschung und erläutert Ansätze zu weiteren nicht behandelten und offen gebliebenen Themen- und Fragestellungen. Im Anschluss befindet sich das Literaturverzeichnis, sowie der Anhang mit dem Fragebogen.

## 2. PR und Online PR

*„PR is about creating content and managing communications- in whatever format it is."*

Lord Chadlington (CEO at Huntsworth PLC)

PR ist eine gerichtete Kommunikationsstrategie, um in der Öffentlichkeit und bei den Mitarbeitern ein klar strukturiertes Bild von dem Unternehmen- Corporate Image zu präsentieren. Corporate Image ist das Fremdbild des Unternehmens und basiert auf der subjektiven Wahrnehmung diverser Öffentlichkeit. Aus diesem Grund ist Corporate Image dynamisch und fließend, da sich die Wahrnehmungen stets ändern. Die PR als Begriff lässt sich nicht klar abgrenzen und es gibt auch keine allgemeingültige Definition. Die Teilbereiche der PR sind Kommunikationsmanagement, Öffentlichkeitsarbeit und Organisationskommunikation. Aufgrund der Dynamik der Informationsmärkte verändert sich auch der PR-Begriff. Im Vergleich zu Marketing fokussiert sich die PR auf den Ruf der Organisation und auf die generelle Öffentlichkeit, im Gegensatz zu Marketing, das absatzorientiert arbeitet und sich auf die Märkte bezieht.

Die Digitalisierung hat aufgrund der technischen Entwicklung auch in der PR einen Wandel begründet. Die Richtung der Kommunikation beispielsweise, ist nicht mehr einseitig, Ansprüche an die Kommunikation haben sich erhöht, um die Kundenbindung aufrechtzuerhalten. Ebenfalls haben sich die Herstellungskosten für Inhalte reduziert und Unternehmen haben jetzt auch selbst die Möglichkeit ohne großes Know-how Inhalte zu produzieren und zu verbreiten.

*„Grundsätzlich identifiziert Oeckl (1976, S. 43) jedoch zwölf verschiedene Arten von Aufgaben, die die PR erfüllen soll. Diese sind:*

*•Abwehren,*

*•Aufmerksamkeit erregen,*

*•Aufklären,*

*•Image schaffen,*

*•Vertrauen erlangen,*

*•Geschäftsförderung,*

*•transformatorische Aufgaben,*

*•Material sammeln,*

*•Kontaktpflege, Lobbying,*

*•Beratung,*

*•gesellschaftspolitische Arbeit,*

*•Konflikt- und Krisenmanagement."* [8]

Die Voraussetzung für eine integrierte und erfolgreiche Kommunikation ist ein konsistentes Handeln seitens des Unternehmens, womit ein Unternehmen zum Vertrauen seitens der

---

[8] Vgl. Rennhak/ Schmidt, 2020: S.2ff

Stakeholder gelangen kann. [9] Das Kommunikationsverhalten hat sich dank der virtuellen Welt verändert. Die neue Form der Beziehungspflege in diesem Kommunikationsraum kann auch Online PR genannt werden. Dank des Internets kann jeder mit jedem und über alles kommunizieren, unabhängig von Zeit und Ort. Das lässt sich nicht verhindern. Entweder macht man als Unternehmer mit und nutzt die Chance ein erfolgreiches Beziehungsmanagement zu führen oder läuft das Risiko einer Nichtbeachtung oder gar schlimmer, einer Imageschädigung. Jede Aktion kann sich fast unkontrolliert im Web verbreiten werden und eine Reaktion hervorrufen.

Im Onlinebereich haben die Nutzer die Entscheidungsmacht, welche Inhalte konsumiert werden. Im Idealfall soll beim Nutzer das Interesse geweckt werden und er sollte regelmäßig „wiederkommen". Da das Internet voll von Amateur Publizisten ist, muss man sich als Unternehmer von der Masse abheben können. Die Präsentation der Informationen soll möglichst authentisch, kompetent und glaubwürdig dargestellt werden.

Online PR kann für die aktive Kommunikation, für die Beobachtung und oder für die Recherche eingesetzt werden. Zur Imagebildung eines zukunftsfähigen Unternehmens sind neue Medien nicht mehr wegzudenken. Wer seine Kundenbindung erhöhen will und sich als junges und modernes Unternehmen präsentieren will, sollte auf den Auftritt in den neuen Medien nicht verzichten.

Ein Dialog mit wichtigen Bezugsgruppen lässt sich dank der Neuen Medien relativ kostengünstig herstellen, im Vergleich zu herkömmlichen Medien. Kommunikationsprozesse lassen sich dank den neuen Medien beschleunigen, erweitern, individualisieren und intensivieren. Vor allem gibt es Zielgruppen, die sich fast ausschließlich nur online erreichen lassen. Es gibt viele diverse Definitionen dieser Zielgruppe aber faktisch handelt es sich um die junge, technikaffine Zielgruppe. Diese sind über klassische Medien gar nicht mehr zu erreichen aber im Internet bewegen sie sich ständig. Auch in Bezug auf die Aktualität der Informationen liegen die neuen Medien eindeutig in Führung.

Die Offline-Kommunikationsmaßnahmen können von der Online-PR ergänzt, unterstützt oder gar ersetzt werden.

Bevor Online Aktivitäten überhaupt geplant werden, sollte untersucht werden, welche Nutzergruppe erreicht werden will. Junge und internetaffine Nutzer beispielsweise sind in

---

[9] Vgl. Händler, 2018: S.12

sozialen Netzwerken anzutreffen. Soziale Netzwerke stellen eine enorme Meinungsmacht dar. Für jeden Nutzer gibt es diverse Interessen und Bedürfnisse und dafür finden sich entsprechende soziale Netzwerke. Unter den anderen online Aktivitäten der PR zählen unter anderem E-Mail Newsletter, eigene Website, Podcasts: wie eigener TV oder Radio Sender, Blogs, Chatrooms oder Computerspiele. [10]

Das Web 2.0. kann als ein reputationsfördernder aber sowohl als auch ein reputationsgefährdender Diskusraum für Unternehmen werden. Für die unendlichen Chancen im Web 2.0 gibt es genauso viele Risiken. Jeder Teilnehmer kann zum potentiellen Kritiker werden und beispielsweise über das Unternehmen einen Shitstorm auslösen oder „Fake News" (absichtliche Falschmeldungen) verbreiten. [11]

Die Kommunikation im Allgemeinen basiert auf dem Sender und Empfänger Prinzip. Daher entscheidet nicht der Sender, wie eine Botschaft beim Empfänger ankommt. Dank des Internets werden vom Sender Informationen für den Empfänger zur Verfügung gestellt, was im ersten Augenblick nicht viel differenzierter zu den herkömmlichen Medien, wie Fernseher oder Printmedien erscheint. Die drastische Veränderung erfolgte aber vor allem aufgrund des Web 2.0, was den Laien auch als social Web bekannt ist. In der Form der Kommunikation wird nicht einseitig kommuniziert, sondern interaktiv und kollaborativ. Empfänger ist nun auch fähig direkt auf Botschaften zu reagieren, zum Beispiel mithilfe einer Kommentarfunktion oder durch einen eigenen Beitrag. Aufgrund dieser Entwicklung haben sich für die PR große Möglichkeiten eröffnet. Unternehmen haben somit eine Möglichkeit erhalten, an Meinungen der Nutzer teilzunehmen und zu reagieren und oder sie zu verfolgen und analysieren. Mithilfe dieser Kommunikation können Unternehmen die Kundenbindung, sowie Vertrauen erhöhen. Um eine effektive PR Arbeit zu leisten müssen sich die Unternehmer oder PR Beauftragte im Klaren sein, welche diversen Funktionen es im Web 2.0 gibt.

Die Kommunikationsgrundsätze in der online PR unterscheiden sich von der klassischen PR. Es sollten 5 wichtige Punkte bei der Kommunikation im social Web beachtet werden. Die Kommunikation sollte in Echtzeit erfolgen und der Unternehmer sollte bereit für einen Dialog sein und erreichbar sein, denn große zeitliche Verzögerung kann schlimmere Folgen, als eine Abwesenheit in den sozialen Medien. Die User verlangen Ehrlichkeit, Authentizität, Freundlichkeit und Gelassenheit, vor allem wenn es zu Kritik kommt, zum Beispiel in Form

---

[10] Vgl. Gruppe, 2011: S.369ff
[11] Vgl. Kirf et al., 2018: S. 8

eines Shitstorms. Online wird auch anders gelesen als offline. Da die Texte im Internet eher gescannt werden, sollten Beiträge eher kürzer und verständlich verfasst werden. Der Content der veröffentlicht wird sollte einen Mehrwert haben, sollte informativ und abwechslungsreich sein. Die Kommunikation im social Weg betrifft auch Mitarbeiter und die interne Kommunikation sollte mit Anweisung in der Form eines Briefings erfolgen, jedoch sollte es den Mitarbeitern zugetraut werden eigene und spontane Entscheidungen zu treffen. Die User lieben „Storytelling" und kleine Geschichten aus dem Unternehmen erfreuen sich immer einer Beliebtheit.

Mit der Online PR sollen ähnliche Ziele wie bei der klassischen PR erreicht werden, wie Reichweite erhöhen, Aufmerksamkeit auf Produkte, Unternehmen und Dienstleistungen lenken, Meinungen ändern oder Zielgruppen an das eigene Unternehmen zu binden. Damit die Botschaft, die in den Medien präsentiert wird, nicht in der Informationsfülle untergeht, sollte diese verständlich sein und an die Zielgruppe angepasst sein. Die Grundregel lautet aber grundsätzlich, dass Inhalten für die Zielgruppe einen Mehrwert und Neuheitswert haben müssen. Bei der Online PR kann man jedoch Stärken präsentieren, die in der klassischen PR keinen Platz hätten. Vor allem emotionale Themen, wie beispielsweise ein Storytelling der Mitarbeiter. Durch die Online PR lassen sich Produkte vermarkten und somit auch den Umsatz steigern. Direkte Produktwerbung ist in sozialen Netzwerken nicht angebracht. In den sozialen Netzwerken sollten Emotionen und Geschichten vermittelt werden. Mit dem, wie bereits oben öfters erwähnten, Storytelling kann positive Aufmerksamkeit für das Unternehmen oder ein Produkt geweckt werden. Da soziale Netzwerke nicht sehr kostenintensiv sind, bietet sich diese Möglichkeit vor allem für kleine Unternehmen an. Gerade für große Unternehmen kann die Kommunikation mittels sozialer Netzwerke aufgrund der schwerfälligen Hierarchien und langen Entscheidungswegen eher erschwert werden.[12][13]

Die vorherrschende Meinung in der Öffentlichkeitsarbeit ist, dass die Nutzung sozialer Medien Unternehmen dabei unterstützen kann, Dialoge und Beziehungen zur Öffentlichkeit zu entwickeln und mit ihnen in Kontakt zu treten, deshalb wirft Valentini einen kritischen Blick auf diese Meinung. Die Autorin zeigt, dass die Nutzung von sozialen Medien weder für Organisationen noch für die Öffentlichkeit so vorteilhaft ist, wie es dargestellt wird. Es gibt Risiken, die die Beziehungen untergraben können, beispielsweise zwischen der Öffentlichkeit und Organisationen. Des Weiteren kritisiert sie, dass die Studien nicht so transparent sind, wie

---

[12] Vgl. Allgäuer/ Larisch, 2014: S.50-55.
[13] Vgl. Gerstenberg F./ Gerstenberg C., 2017: S.23-58

sie ihrer Ansicht nach sollten. Es fehlt an kritischer Reflexion über die Auswirkungen auf den PR-Beruf und auf die Organisationen. Die Konsequenzen und Auswirkungen des direkten und indirekten Handelns - auch in Bezug auf soziale Medien - sowohl auf die Öffentlichkeit als auch auf die Gesellschaft insgesamt. Ein Verständnis der Auswirkungen digitaler Technologien und sozialer Medien auf die zwischenmenschliche Kommunikation und die zwischenmenschlichen Beziehungen ist von Bedeutung, um die Unternehmen ethisch und verantwortungsbewusst beraten zu können.[14]

In der Medienwelt haben die sozialen Medien ein Prozess schöpferischer Zerstörung angekurbelt und somit auch das Ende der klassischen Massen-Medienarbeit.[15]

## 2.1 Die Abgrenzung der Öffentlichkeitsarbeit

Der primäre Fokus des Marketings zielt auf ein bestimmtes Produkt ab und seine Absatzsteigerung. Diese Stufe des produktorientierten Marketings ab ca. 1950er Jahre, wird auch als Marketing 1.0 bezeichnet. Mit dem signifikant steigenden Produktangebot ab den ca. 1970er Jahren hat sich auch die Marketingeinstellung radikal verändert. Konsumenten können aus einer breiteren Auswahl an Produkten wählen und fangen an zu vergleichen. Hier definiert der Kunde den Wert des Produkts und somit wird das sogenannte verbraucherorientierte Marketing 2.0 das als die Zeit des Kunden genannt wird. Kotler definiert des Weiteren das menschenorientierte Marketing 3.0, ab ca. 1980er Jahre, als die Zeit des menschlichen Wesens. Denn der Mensch steht im Mittelpunkt und der Kunde konzentriert sich nicht mehr nur noch auf seine Bedürfnisse und Wünsche, sondern ist sich auch einer sozialen Verantwortung bewusst und entwickelt auch ein Umweltbewusstsein. Diese Entwicklung ist die direkte Konsequenz des Internets, wo User in sozialen Medien ihre Meinung verkünden können. Diese Zeit ist auch als eine Zeit der Mitbestimmung seitens der Konsumenten bekannt. Das Marketing 4.0 wird des Weiteren mit der Erweiterung der direkten Partizipation des Kunden am Produkt definiert.[16]

Wie bereits der Begriff der Public Relations, so wird auch das des Marketings auf diverse Arten verwendet, was zu einer unklaren Abgrenzung führt. Grundsätzlich gilt, dass die PR dem Marketing untergeordnet gilt als ein Instrument der Kommunikationspolitik.[17]

---

[14] Vgl. Valentini, 2015: S.170-177.
[15] Bernet, 2010: S.9ff
[16] Vgl. Łukowski, 2017: S.187-204.
[17] Vgl. Mast, 2016: S.36

Die Kommunikation im Allgemeinen verändert sich, aufgrund der raschen Entwicklung neuer Kommunikationsformen und die Grenzen zwischen Werbung und PR verschwimmen immer mehr. In der Werbung werden PR Instrumente eingesetzt und auch der Aufgabenbereich der PR vergrößert sich immer mehr.[18]

*„Unter **Werbung** versteht man all jene geplanten Kommunikationsprozesse, bei denen arbeitsteilig durch die entgeltliche Produktion und Distribution von Medienangeboten zwangfrei, mit wiederholbarem Erfolg und in aller Regel erkennbar bei den Mitgliedern spezifischer Werbezielgruppen kontingente Beweggründe (Wissen, Meinungen, Einstellungen, Emotionen, Verhalten und/oder Handeln) systematisch beeinflusst werden sollen".* Aufgrund dieser Definition ist deutlich zu erkennen, dass der Unterschied zwischen Werbung und PR darin liegt, dass Werbung entgeltlich ist und gekennzeichnet oder als solche erkennbar sein muss.[19]

### 3. Social Media und Visuelle Kommunikation

*„Trying to define social media is an incommodious job"* [20]

Unter dem Begriff social Media werden alle Wege des Austausches im Web 2.0 verstanden.

Die Social Media Landschaft setzt sich aus Bewertungen, Standortbezogenen Diensten, Spielen, Foren, Blogs und Microblogs und anderen, zuletzt auch von sozialen Netzwerken und Plattformen zusammen. Die Vielfältigkeit der social Media Landschaft bietet auch diverse Funktionen an wie: Teilen, Lokalisieren, Spielen, Kaufen, Netzwerken und Veröffentlichen.[21][22]

„Social Media-Kommunikation vollzieht sich auf online-basierten Plattformen und kennzeichnet sowohl die Kommunikation als auch die Zusammenarbeit zwischen Unternehmen und Social Media-Nutzern sowie deren Vernetzung untereinander. Die Social Media-Kommunikation erfolgt sowohl aktiv als auch passiv, mit dem Ziel des gegenseitigen Austausches von Informationen, Meinungen, Eindrücken und Erfahrungen sowie des

---

[18] Vgl. Fröhlich, 2015: S. 105ff
[19] Vgl. Zurstiege, 2007: S.14
[20] Dominick, 2013: S.94
[21] Vgl. Händler, 2018: S.12
[22] Vgl. Bernet, 2010: S.9ff

Mitwirkens an der Erstellung von unternehmensrelevanten Inhalten, Produkten und Dienstleistungen".[23]

Dank des Internets haben alle die Möglichkeit an Themen teilzunehmen und Experten verlieren an Bedeutung, da sich die User untereinander austauschen und sich gegenseitig beeinflussen, werden sie zu **Prosumern**", sprich: „Producer" und „Consumer".[24]

### 3.1 Soziale Netzwerke

Es gibt eine signifikante Zunahme von Unternehmen, die soziale Netzwerke nutzen, um mit den Verbrauchern zu kommunizieren.[25] Ebersbach et al. sehen soziale Medien als einen festen Bestandteil eines Unternehmenserfolgs.[26] Gerstenberg F. und Gerstenberg C. sind wiederum der Meinung, dass eine eigene Website für ein Unternehmen zwingen notwendig sei, ganz im Gegensatz zu sozialen Netzwerken.[27] Die Autoren der Studie social Web im Tourismus von Bauhuber et al. verkünden, dass die neuen Technologien künftig die klassischen Websites ablösen werden.[28]

Es wird vermutet, dass Teenager, die jünger als 12 Jahre sind, über mindestens einen Account in den sozialen Netzwerken verfügen.[29] In Österreich nutzen etwa 4,4 Millionen Menschen die sozialen Medien, in der Gesamtbevölkerung, entspricht es der etwa der Hälfte.[30] Instagram hat in Österreich eine 30% Nutzungsrate, was etwa einem Drittel der österreichischen Bevölkerung entspricht und verzeichnet 2,4 Millionen aktive Nutzer. Zu den „heavy usern" gehören vor allem junge Menschen unter 35 Jahren.[31] Facebook hat in Österreich 3,9 Millionen aktive Nutzer und ist somit das größte soziale Netzwerk in Österreich, welches von 44% der ÖsterreicherInnen genutzt wird. Facebook bietet vor allem für Unternehmen vielseitige Funktionen. Bei der jüngeren Generation bis 24 Jahre, der sogenannten Generation Z, erfreut sich Facebook jedoch weniger Beliebtheit. Am aktivsten sind die sogenannten Millenials (25-34 Jahre). Der Kurznachrichtendienst, der sich in den USA großer Beliebtheit erfreut ist in

---

[23] Bruhn, 2014: S.3
[24] Vgl. Kreutzer, 2012: S. 254-255
[25] Vgl. Leskovec/ Adamic/ Huberman, 2007: S. 1-46.
[26] Vgl. Ebersbach/ Glaser/ Heigl, 2016: S.244
[27] Vgl. Gerstenberg F./ Gerstenberg C., 2017: S.23-58
[28] Vgl. Bauhuber et al., 2010: S. 225-318
[29] Vgl. Endres, 2013
[30] Vgl. Schulz, 2020
[31] Vgl. Schulz 2, (2020)

Österreich eher ein Nischennetzwerk, mit einer 2% Reichweite und 160.000 aktiven Mitgliedern. [32]

Laut der DMVÖ Studie im Jahr 2019 setzen 95,1% der B2B Unternehmen in Österreich, soziale Medien ein, ein Anstieg um etwa 10% im Vergleich zum Jahr 2017. Die Hauptgründe für die Nicht-Nutzung der sozialen Medien waren: zu wenige Ressourcen (56,6%), zu viel Zeitaufwand (58,5%) oder kein Beitrag zum Unternehmenserfolg (26,4%), anzumerken ist jedoch, dass dieser Grund im Jahr 2018 noch von 39,5% der Befragten angeführt wurde, was einem Rückgang von einem Drittel entspricht. Die Nutzung der social Media Plattformen sieht wie folgt aus: Facebook liegt mit 72,3% in der Führung, gefolgt von LinkedIn (71,8%), Youtube (59,9%) und Instagram auf Platz 5 mit 38% und einem Anstieg von 8% gegenüber zum Vorjahr. Die Steuerung der social Media Aktivitäten werden lediglich nur von 19,6% der Unternehmen (Deutschland, Österreich und Schweiz) an externe Agenturen vergeben, grundsätzlich haben die Unternehmen eigene Marketing oder PR Abteilungen oder sonstige interne Stelle für diese Tätigkeit. Wenn ein Unternehmen visuell kommunizieren will, verwendet es Facebook oder Youtube, für rein sachliche, textbasierte Kommunikation wird LinkedIn, Xing oder Twitter eingesetzt. Aus der Umfrage ist ersichtlich, dass die Unternehmen auf klassische Netzwerke setzen und nur wenige wagen was Neues, beispielsweise spielt TikTok und Snapchat kaum eine Rolle. [33]

Eine Studie in der österreichischen börsenunternehmen analysiert wurden, zeigt, dass Twitter, Facebook und Youtube die drei führenden und meistgenutzten sozialen Netzwerke sind. Twitter verzeichnet einen exponentiellen Anstieg von etwa 8% in 2017 auf knappe 50% in 2019, die Nutzung hat sich somit verachtfacht in nur 2 Jahren. LinkedIn und Instagram liegen zwar nicht in der Führung aber haben um Vergleich zu 2017 sehr deutlich an Bedeutung gewonnen, LinkedIn von etwa 2% auf knapp 40% in nur 2 Jahren und Instagram von etwa 2% auf über 20%.[34]

Da das Hauptaugenmerk dieser Forschungsarbeit auf den visuellen sozialen Netzwerken liegt, werden diese kurz vorgestellt. Es handelt sich dabei um visuelle "sharing" Plattformen, wo das Visuelle, wie Fotos und Videos, im Fokus steht. Der bekannteste Vertreter Instagram, wird später ausführlich erläutert. Des Weiteren gibt es noch Pinterest, Snapchat, Youtube, Flickr und andere. Soziale Netzwerke wie Twitter, Tumbrl, LinkedIn und Facebook werden nicht als

---
[32] Vgl. Antworx 1, 2020
[33] Vgl. Der erste Arbeitskreis Social Media B2B, 2019
[34] Vgl. Kovarova-Simecek/ Aubram/ Milgotin, 2019: S.254ff

„reine" visuelle Netzwerke behandelt, sondern eher als textbasierte soziale Netzwerke. Facebook wird später kurz behandelt.

**Pinterest** ist eine Art virtueller Pinnwand, die viele als Inspirationsquelle nutzen, wo es nicht so stark um Kommunikation und Interaktion geht. Die Pinnwand eines Nutzers ist eine Sammlung Beiträge anderer, dadurch lässt sich dieses soziale Netzwerk als ein Instrument zur Stärkung der Marke anwenden.

**Snapchat** ist weniger ein soziales Netzwerk als eine Image Messaging App. Da es sich hierbei hauptsächlich dabei handelt, vorwiegend Fotos und Videos zu verschicken, welche sich „selbst zerstören". Snapchat gilt als relativ neues Feld in der Marketingwelt, wo noch viel experimentiert wird. Snapchat ist eine Alternative vor allem für Unternehmer, die eine sehr junge Zielgruppe ansprechen möchten. In Deutschland sind beispielsweise 87% der aktiven Nutzer jünger als 35 Jahre.

**Youtube** gilt als ein Netzwerk, auf dem die Nutzer Videos anschauen, hochladen, kommentieren, liken, bewerten und teilen können. Ebenfalls besteht die Möglichkeit Accounts zu abonnieren und somit einer Person, einem Unternehmen oder Ähnliches, zu folgen. Streng genommen ist ein Account für Kinder und Jugendliche unter 18 Jahren, nur mit der Zustimmung der Eltern möglich. Youtube bietet als ein Marketing Kanal eine enorme Reichweite an, pro Monat werden durchschnittlich 6 Milliarden Videomaterial konsumiert. Was wiederum aber auch eine enorme Konkurrenz bedeutet, daher muss die Qualität stimmen.

**Flickr** ist eine Online Community vor allem für Profi- und Amateurfotografen. Fotos und Videos werden mit Schlagwörtern und Information versehen und die User können diese kommentieren. Unternehmer nutzen diese Plattform oft eine Art Archiv für Pressebilder.[35][36][37]

## 3.2 Visuelle Kommunikation

Die durchschnittliche Aufmerksamkeitsspanne eines Menschen beträgt 8 Sekunden. Was für die PR und Marketing Beauftragte eine große Herausforderung darstellt. Aus diesem Grund bedienen sich diese immer häufiger der visuellen Kommunikation. Um die Aufmerksamkeit zu

---

[35] Vgl. MarkOp, 2019
[36] Vgl. Klicksafe, 2020
[37] Vgl. Ionos, 2019

erhöhen, bedeutet es den Text zu minimieren. Beispielsweise werden Pressemitteilungen mit Bilder 1,4x häufiger angesehen und sogar 2,8x, wenn diese ein Video beinhalten. [38]

Das bekannte Sprichwort- ein Bild sagt mehr als tausend Worte- stand wohl noch nie mehr im Fokus wie heute. Die Analystin Allison Smith ist der Meinung es handelt sich nicht nur um ein temporäres Phänomen. Genauso wie das Internet, auch die Fotographie war früher etwas Exklusives. Da heute jeder eine Kamera in seiner Tasche hat, kommen die visuellen sozialen Medien immer mehr zum Einsatz, auch in der Zukunft rechnet sie mit keinem Rücklauf. Viele Unternehmer haben bereits realisiert, dass Geschichten (Storys) uns durch die Bilder erzählt werden. Dennoch gibt es noch viele Unternehmen, die den visuellen sozialen Medien keine Beachtung schenken und sich weiterhin auf die textbasierten Netzwerke konzentrieren. Auch Unternehmen, die nicht eine visuelle Qualität besitzen, wie beispielsweise Versicherungen, sollten diesen Trend gegenüber nicht skeptisch stehen. [39]

Das European Communication Monitor aus dem Jahr 2017, welches auf einer Befragung von 50 europäischen Unternehmen und Organisationen basiert, unter anderem Österreich, zeigt, dass 94,4% der Befragten stimmen zu, dass die visuelle Kommunikation in der Zukunft an Bedeutung zulegt. 86% geben an, dass ihr Unternehmen mehr visuelle Elemente benützt als 3 Jahre zuvor. Für 87,9% der Befragten ist die Verwendung von Online Videos wichtiger, als 3 Jahre zuvor, geworden. Spontane und nicht bearbeitete Fotos sind sogar bei 69,1% der Befragten wichtiger als vor 3 Jahren und 75% der österreichischen Unternehmer geben sogar an, Kapazität dafür zu haben. Für die Produktion von online Videos liegt die Kapazität der österreichischen Unternehmen lediglich bei 48,4%. Aus der Studie ist deutlich ersichtlich, dass die visuelle Kommunikation, im Vergleich zum Jahr 2014, wesentlich an Bedeutung für die strategische Kommunikation gewonnen hat. 62,7% der österreichischen Unternehmen geben an, dass sie ihre visuelle Kommunikation outsourcen. Die Studie belegt des Weiteren, dass jeder zweiter Fachmann nur über begrenzte Kompetenzen für die visuelle Kommunikation verfügt. Private und gemeinnützige Organisationen verfügen über bessere Fähigkeiten in der visuellen Kommunikation als überraschenderweise die Beratungsunternehmen und Agenturen und weniger überraschend, die staatlichen Organisationen. [40]

In der Studie von Men und Tsai wurde untersucht, wie Unternehmen aus China und USA ihre Beziehungen zu der Öffentlichkeit mithilfe von sozialen Netzwerken pflegen. Die

---

[38] Vgl. Jakus, 2018: S.25-36
[39] Vgl. Smilansky, 2015: S. 21-22
[40] Vgl. Zerfass et al., 2017

Untersuchung hat ergeben, dass 98% aller untersuchten Unternehmensprofile in China zur Informationsverbreitung Fotos posten und sogar 100% aller Unternehmensprofile auf Facebook in den USA wenden zur Informationsverbreitung visuelle Reize, wie Fotos und zu 98% Videodateien. [41]

### 3.2.1 Storytelling

Die WKO empfiehlt den Unternehmen nur auf den Kanälen präsent zu sein, wo sie ihr Zielpublikum auch tatsächlich erreichen können. Um die Wahrnehmung in der Öffentlichkeit zu steigern, empfiehlt WKO des Weiteren beispielsweise Imagebildung mithilfe von Storytelling (deutsch: Geschichte erzählen). Insbesondere Instagram eignet sich gut für ein visuelles Storytelling. Mithilfe von Bildern, Videos und „Story" („Fotos oder Videos, die maximal 24 Stunden lang für eure Follower und ggf. alle anderen Nutzer sichtbar sind und dann verschwinden"[42]) Beiträgen sollten authentische Einblicke in das Unternehmen gewährt werden, die einen Nutzen und Mehrwert generieren. Visuelle Inhalte sollten Emotionen evozieren und weniger als reine Werbeplattform genutzt werden. Ein weiterer Vorteil von Instagram, um gezielt eine Zielgruppe zu erreichen ist das Verwenden von Hashtags. Weiterer Vorteil der sozialen Netzwerke wie Instagram oder Facebook ist das Location-Based-Service, wo Personen ihren Standort posten und somit auf einen Ort aufmerksam machen, wo sie sich gerade befinden. [43]

Mithilfe des digitalen Storytellings können Unternehmen ihre Zielgruppen effektiver erreichen. Dank der, unter anderem, visuellen Kommunikation, generiert digitales Storytelling bei dem Empfänger eine emotionale Bindung und dadurch erhört sich die Aufmerksamkeit und die Botschaft wirkt überzeugender und informativer. [44]

Unternehmen können mithilfe des Corporate Storytellings ihre Vision, Identität und Mission präsentieren. Geschichten sprechen mentale Strukturen an und haben einen Framingcharakter (Ein Inhalt kann sich unterschiedlich auf diverse Empfänger auswirken.) Storytelling eignet sich besonders gut für emotional behaftete oder abstrakte Themen. Botschaften sollten allerdings widerspruchsfrei und konsistent sein und sich an die organisationalen Ziele halten.[45]

---

[41] Vgl. Men/ Tsai, 2012: S. 723-730
[42] Queitsch, (o.J.)
[43] Vgl. WKO, 2020
[44] Vgl. Kuşay, 2019: S. 271-291
[45] Vgl. Huck-Sandhu, 2014: S. 651-668

*„Mithilfe von Stories lassen sich zeitliche, räumliche und soziale Distanzen überwinden und die Komplexität sozialer Systeme reduzieren. Geschichten leisten dies, weil sie einfach zu verstehen und einprägsam sind und es Individuen erlauben, Gemeinsamkeiten zu entdecken."*[46]

Wenn in der PR über Instagram diskutiert wird, werden Instagram Storys schnell zum Mittelpunkt der Unterhaltung. Was manche als einen Snapchat Doppelgänger bezeichnet, erfreut sich einer schnell wachsenden Popularität. Stories eignen sich für die Eventpromotion besonders gut, da dadurch das Erlebnisgefühl gesteigert wird.[47]

### 3.2.2 Instagram

Studien zufolge ist Instagram das am schnellst wachsendes soziales Netzwerk. Conner berichtet von einer „visuellen Kultur". Die Ergebnisse der Pew Research Center, Nielsen Group zeigen, dass 63% der Menschen die visuelle Stimulation einem Text bevorzugt. Die Zeitspanne der menschlichen Aufmerksamkeit liegt bei ungefähr 8 Sekunden, somit kann die visuelle Information 60000-mal schneller als ein Text verarbeitet werden, was bedeutet, ein Bild gleicht 60000 Wörtern. Weiteres berichtet die Studie, dass Tweets mit Bildern 89% mehr „likes" bekommen, 18% mehr Klicks und werden 150% mehr „retweetets".[48]

Instagram wurde im Jahr 2010 veröffentlicht. Es handelt sich um eine mobile Applikation für Smartphones, die das Teilen von Fotos mit Freunden erleichtern sollte. Mittlerweile hat sich Instagram jedoch zu einem mächtigen Marketing und Kommunikationstool entwickelt. In der qualitativen Studie von Ting et al im Jahre 2015 wird präsentiert, dass Instagram bei der jungen Generation vor allem wegen den ausgezeichneten Fotoeigenschaften beliebt ist. Sei es in Form der Fotobearbeitung, bei der Fotoaufnahme oder aufgrund der diversen Filter. Bei den Menschen ist Instagram unter anderem auch aufgrund des „social networkings" beliebt, da die Kommunikation mit anderen- als leicht gestaltet- wahrgenommen wird. Zum Beispiel aufgrund von Hashtags oder dass Fotos gleichzeitig auf mehreren sozialen Netzwerken geteilt werden können. Instagram ist auch ein beliebtes Netzwerk, um sich mit anderen, zum Beispiel mit Unternehmen, zu verbinden und um Informationen zu erhalten und zu teilen. Einer der weiteren Gründe für die Nutzung von Instagram ist Unterhaltung. Eine/r der Befragten berichtet auch davon, dass für sie/ihr Instagram unterhaltsamer ist, da hier der Fokus auf Fotos liegt und weniger auf Wörtern, was für sie/ihn viel vorteilhafter während der Freizeit ist. Die

---
[46] Barker/ Gower, 2010: S. 295–312.
[47] Vgl. Arenstein, 2016
[48] Vgl. Conner, 2016

Entscheidung Instagram zu nutzen wird unter anderem auch vom sozialen Umfeld beeinflusst, wie durch Freunde oder Geschwister. [49]

Soziale Medien erlauben den Nutzern eine virtuelle Beziehung zwischen Menschen, Unternehmen und Marken zu kreieren. Instagram ist ein Kommunikationswerkzeug, welches einem Unternehmen erlaubt Informationen für die Nutzer zu veröffentlichen, die potentielle Kunden sein könnten. Der Zugang zum Instagram ist kostenlos und benötigt nur eine Internetverbindung und ein Endgerät. [50] Instagram zählt zudem zu einer der am schnellsten wachsenden social media Plattform. Mit der Einführung auf dem Markt im Oktober 2010, hat Instagram in nur knapp einem Jahr 10 Millionen Nutzer generiert. Nach dem Erwerb von Instagram von Facebook in 2012, hat Instagram im September 2013 bereits 150 Millionen Nutzer verzeichnet. Fünfzehn Monate hat sich diese Zahl verdoppelt.[51]

Die statista.com berichtet, dass sich die Zahl der monatlich aktiven Nutzer auf Instagram 2018 weltweit auf eine Milliarde belief. Weltweit nutzte 2019 eine halbe Milliarde Nutzer die Instagram Storys täglich. [52]

---
[49]Vgl. Ting et al., 2015: S. 15-31.
[50]Vgl. Quesenberry, 2016: S. 8ff
[51] Vgl. Roth, 2018
[52] Vgl. Poleshova, 2020

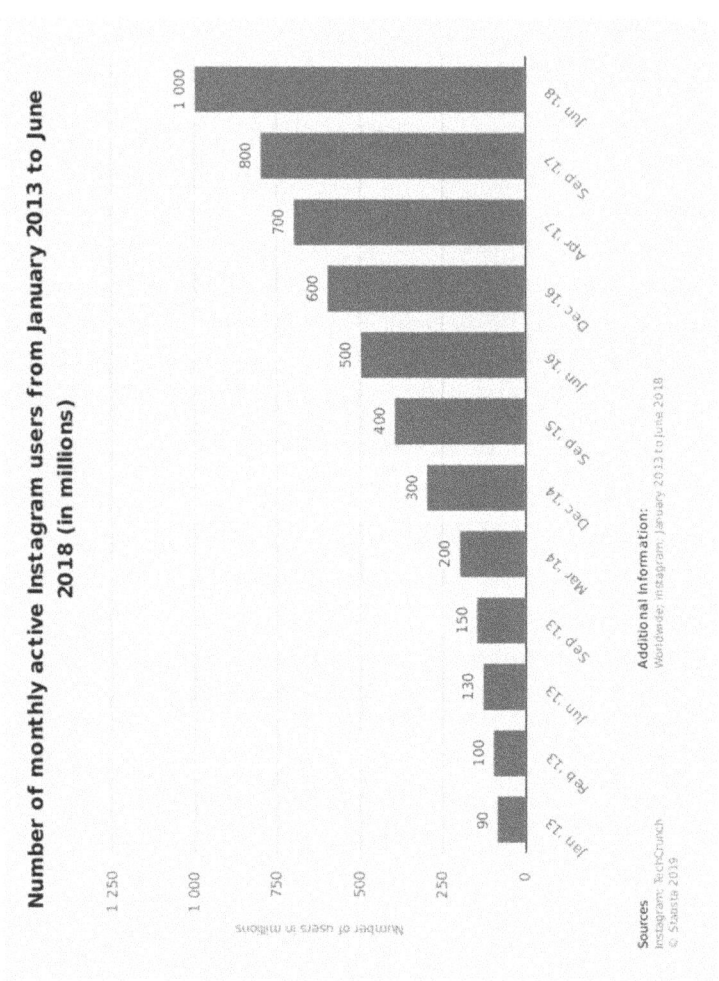

Abbildung 1[53]

**Die Anzahl der monatlich aktiven Nutzer von Instagram zwischen Januar 2013 und Juni 2018**

Anhand dieses Balkendiagramms lässt sich das exponentielle Wachstum von Instagram deutlich erkennen. Begründet ist dieses Wachstum wohl in der Rentabilität und der Fähigkeit mehr als eine Milliarde Menschen zu erreichen, was genau genommen knapp ein Achtel der Weltbevölkerung ist. (7,8 Milliarden Menschen- Stand Dezember 2019[54]).

---

[53] Osman, 2019
[54] Vgl. Deutsche Stiftung Weltbevölkerung, 2019

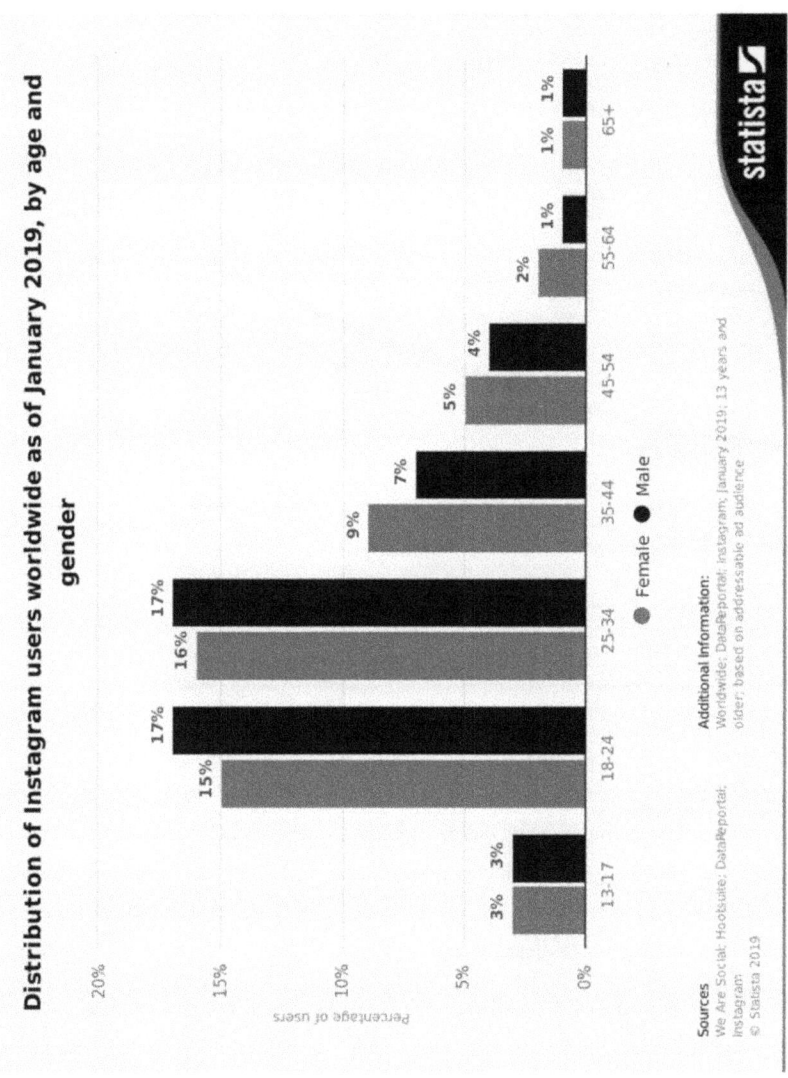

Abbildung 2[55]

**Alters- und Geschlechterverteilung der Instagramnutzer (weltweit, 2019)**

Anhand dieses Balkendiagramms lässt sich ablesen, dass Instagram weltweit von 18-34 Jährigen dominiert wird.

---
[55] Osman, 2019

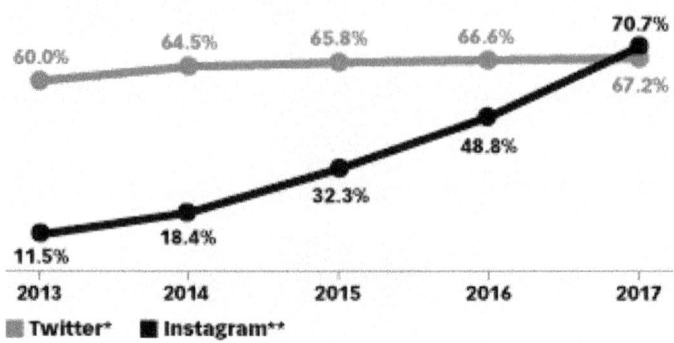

Abbildung 3[56]

Instagram steckt voller potentieller Kunden, denn laut Instagram folgen 80% der Nutzer zumindest einem Unternehmen. Dass dieses Potential in der Geschäftswelt anerkannt wurde verdeutlicht die Abbildung 3, die einen explosionsartigen Anstieg der Instagram Business Profile innerhalb 4 Jahren von 11,5% auf 70,7% darstellt. Im Gegensatz zu Twitter, wo es in 4 Jahren nur einen Anstieg um 7% gegeben hat. [57]

Shea berichtet, dass mehr als 2,7 Millionen Fotos auf Instagram mit dem Hashtag #Chanel markiert wurden, das Besondere daran ist, dass Chanel zu der Zeit noch keinen Account bei Instagram hatte. [58] Mit dem Rauten Symbol „#" oder heutzutage besser bekannt als „Hashtag" können Beiträge markiert werden, um eine bessere Reichweite zu erzielen, um sich selbst oder

---

[56] Osman, 2019
[57] Vgl. Osman, 2019
[58] Vgl. Shea, 2013

etwas zu bewerben. Mithilfe von Hashtags kann auch die Informationssuche erleichtert werden.[59]

Weltweit werden mehr als eine Milliarde Konten auf Instagram jeden Monat aktiv genutzt und 90% der Konten folgen einem Unternehmen. Mehr als 500 Millionen Konten nutzen jeden Tag die Story Funktion. Täglich wird mindestens ein Unternehmensprofil von mehr als 200 Millionen Instagram Nutzer besucht. Ein Drittel, der am häufigsten angezeigten Storys, sind Unternehmensstorys. Mit einem Unternehmenskonto bei Instagram erhält der Unternehmer wichtige Kennzahlen und Einblicke zum Beispiel über seine Follower und Beliebtheit seiner Beiträge. Zudem ist ein Unternehmenskonto bei Instagram kostenlos. Die Seite Instagram Business bietet vielzählige Unterstützungsmöglichkeiten, um ein erfolgreiches Unternehmenskonto zu pflegen.[60]

In der Studie von Al-Kandari et al. (2019) wurde untersucht wie die Banken in Kuwait Instagram für ihre Öffentlichkeitsarbeit nutzen. Primär wird Instagram für Promotion genutzt (37%) und des Weiteren für die Gemeinschaftsbildung, Informationsverbreitung und für den interaktiven Einsatz. Aus der Studie geht heraus, dass ein signifikanter Zusammenhang besteht zwischen der Unternehmensgröße (gemessen anhand der Mitarbeiteranzahl) und der Postinghäufigkeit. Je mehr Beschäftigte es gibt, desto häufiger wird in Instagram gepostet, besagt die Studie. Die Banken, die häufiger posten, waren auch der Ansicht, dass Instagram besser als andere soziale Medien für die Erreichung der PR Ziele wäre, als Banken, die weniger häufig auf Instagram posten, vertreten diese Ansichten hingegen nicht. Die Autoren sind der Ansicht, dass die Verwendung des Instagrams für Promotion, durch die überzeugende Kraft und die visuelle Natur dieses Mediums, für die PR Zwecke betont wird. Instagram scheint aufgrund seiner visuellen Kerneigenschaft für die emotionale Beeinflussung sowie Persuasion besser als beispielsweise Facebook oder Twitter geeignet zu sein.[61]

Die Autoren der Studie „Beyond User Gaze: How Instagram Creates Tourism Destination Brand?" haben herausgefunden, dass die Verwendung von Hashtags gut für die Informationssuche ist, da diese sich meist immer auf ein spezifisches Thema beziehen und somit wird die Suche nach Informationen erleichtert. Aus der Studie geht raus, dass Instagram ein nützliches Tool ist, um Promotion zu betreiben. Die Autoren haben beobachtet, dass Instagram zu einem der beliebtesten Kanäle für die Bewerbung von Reisezielen durch

---

[59] Vgl. Page, 2012: S. 181-201
[60] Vgl. Instagram Business, (o.J.)
[61] Vgl. Al-Kandari et al., 2019: S. 7ff

Tourismusunternehmen wurde und weisen darauf hin, dass Instagram als ein Komplex sozialer, geschäftlicher und wirtschaftlicher Konfigurationen verstanden werden sollte. [62]

Die Autoren der Studie „Branding in pictures: using Instagram as a brand management tool in professional team sport organisations" implizieren, dass die nächste Generation der Brand Manager mit der Dynamik der Nutzung sozialer Medien vertraut sein sollten und kreativ Denken sollten, vor allem wenn es um Medien, wie Instagram geht, wo die Verwendung des Texts sehr eingeschränkt ist. Instagram bietet die Möglichkeit die Marken zum Leben zu erwecken und bietet eine besondere Kundenbindung mit sich. Daher empfehlen die Autoren sehr sorgfältig bei der Wahl der visuellen Inhalte sein, da die visuelle Kommunikation sowohl einen starken positiven, sowie auch einen starken negativen Einfluss haben kann. [63]

### 3.2.3 Facebook

Die Kommunikation auf Facebook weist drei mögliche Verhaltensformen auf: Gefällt mir Angabe (Like), Kommentieren von Beiträgen und das Teilen von Beiträgen. Die verschiedenen Verhaltensformen haben laut Kim und Yang ein Hierarchiesystem. Die Gefällt mir Angaben werden als der niedrigste Level eingestuft und das Teilen von Beiträgen wiederum am höchsten. Da es beim Teilen von Beiträgen nicht nur im News Feed erscheint, sondern es auch auf der Profilseite bleibt. Die Ergebnisse ihrer Inhaltsanalyse Studie zeigen, dass Beiträge mit Fotos eher dazu führen, dass ein Beitrag „geliked" wird aber wiederum seltener kommentiert wird. Beiträge mit visuellem Inhalt, sprich mit Fotos oder Videos, wurden aber häufiger geteilt als Beiträge ohne visuelle Reize. Da es sich bei Kommentaren eher um eine kognitive Antwort handelt und beim Liken eher um eine affektive, ist das wohl die mögliche Ursache. Es lässt auch vermuten, dass das Teilen von Beiträgen eine Kombination beider Elemente ist, kognitiver, sowie affektiver. [64] Dies lässt sich auch auf Instagram anwenden.

In der Studie von Brubaker und Wilson wurde der Content auf Facebook von den Top 100 Marken in dem Untersuchungszeitraum von 2013 und 2014 miteinander verglichen und untersucht. Die Studie belegt, dass es bereits von 2013 auf 2014 eine Verlagerung von Bildinhalten auf Videoinhalte gegeben hat. Allerdings wurde 2014 weniger Content veröffentlicht und die Autoren vermuten einen Rückgang aufgrund dessen, dass die Unternehmen möglicherweise mehr Ressourcen in Videos investiert haben. Im Sinne von

---

[62] Vgl. Fatanti/ Suyadnya, 2015: S. 1089-1095.
[63] Vgl. Anagnostopoulos et al., 2018: S.429
[64] Vgl. Kim/ Yang, 2017: S. 441-449.

Qualität vor Quantität. Darüber hinaus spielt es kaum eine Rolle, ob ein textbasierter oder visueller Beitrag gepostet wurde, Unternehmen haben vermutlich in beiden Strategien einen Wert gefunden, denn da wurden keine signifikanten Unterschiede festgestellt. Auch auf das Engagement (Gefällt mir Angaben, Kommentare, Teilen) hatte es kaum eine Auswirkung, wie vermutet. [65]

## 4. Methode und Untersuchungsdesign

### 4.1 Forschungsfragen und Hypothesen

Das generelle Forschungsinteresse dieser Arbeit wurde bereits in Kapitel 1.1 näher beschrieben und umfasst folgende Forschungsfragen und Hypothesen:

> ➤ Welche sozialen Netzwerke nutzen die österreichischen Unternehmen?

Eine aktuelle Studie aus dem Jahr 2019 vom Dialog Marketing Verband Österreich (DMVÖ) zeigt, dass Facebook, Instagram, Youtube, Xing und LinkedIn zu den Big Five der B2B social Media Kanäle in Österreich zählen. [66] Eine aktuelle Studie vom Jänner 2020, von Antworx GmbH durchgeführt, zeigt, dass Facebook und Instagram zu den zwei beliebtesten sozialen Netzwerken in Österreich zählen. [67]

In der Masterarbeit von Atzmüller über die Social Media Nutzung der Österreichischen Nationalratsabgeordneten konnte festgestellt werden, dass im März 2019 85% der Abgeordneten Facebook nutzten, 53,5% nutzten Instagram und 41,5% bedienten sich Twitter. 28,4% der Abgeordneten bedienten sich allen der genannten drei sozialen Netzwerke. [68]

*H1: Instagram und Facebook sind bei den österreichischen Unternehmen die am häufigsten genutzten sozialen Netzwerke.*

> ➤ Welche Auswirkungen hat die **Branche** österreichischer Unternehmen auf die Kommunikation mittels diverser sozialer Netzwerke?

Gemäß der Statistik Austria hatten fast 100% aller österreichischen Unternehmen im Jahr 2019 einen Internetzugang. Die Nutzung sozialer Medien ist jedoch sehr Branchenspezifisch. Zusätzlich fällt unter die Kategorie social Media, abgesehen von sozialen Netzwerken, auch

---

[65] Vgl. Brubaker/ Wilson, 2018: S. 342-352.
[66] Vgl. Ebner, 2019
[67] Vgl. Antworx, 2020
[68] Vgl. Atzmüller, 2019

Blogs, Micro Blogs etc. Daher soll im Rahmen dieser empirischen Studie, die Branchen hinsichtlich der Nutzung diverser sozialen Netzwerke näher betrachtet werden.

Die Baubranche ist beispielsweise mit ihren 39,2%, die am schwächsten vertretende Branche, im Vergleich zu der Branche Information und Kommunikation, die mit stolzen 86,4% vertreten ist. In den Top drei befindet sich außerdem der IKT Sektor und die Beherbergung und Gastronomie.

Die Kategorie des Wirtschaftszweigs 45-47 Handel; Instandhaltung und Reparatur von Kraftfahrzeugen fällt auf 65,6%. [69] Das lässt die Vermutung zu, dass der Handel häufiger in den sozialen Netzwerken vertreten ist und nur aufgrund der umfassenden Kategorie, die den Wirtschaftssektor Instandhaltung und Reparatur von Kraftfahrzeugen beinhaltet, die Ergebnisse verzerrt sind. Ebenfalls lässt sich vermuten, dass der Handel, aufgrund des Fokus auf materielle Güter, am häufigsten bei den visuellen sozialen Netzwerken vertreten ist.

Die Branche Erbringung von Finanz- und Versicherungsdienstleitungen (ÖNANCE 2008[70]) wurde im Rahmen der Studie von Statistik Austria nicht untersucht. Da der primäre Fokus der Finanzbranche jedoch auf immateriellen Gütern, wie beispielsweise Kredite und Versicherungen, liegt, kann vermutet werden, dass es in diesem Sektor erschwert auf die visuelle Kommunikation zurückzugreifen ist.

Da der Sektor Beherbergung und Gastronomie den Fokus zwar auf immaterielle Güter, Dienstleistungen- Erlebnisse, hegt, werden auch materielle Güter angeboten, beispielsweise Speisen und Getränke. Daher lässt sich vermuten, dass die Nutzung visueller sozialer Netzwerke aufgrund der Zugänglichkeit relativ hoch ist.

---

[69] Vgl. Statistik Austria, 2019
[70] http://wko.at/statistik/oenace/oenace2008.pdf

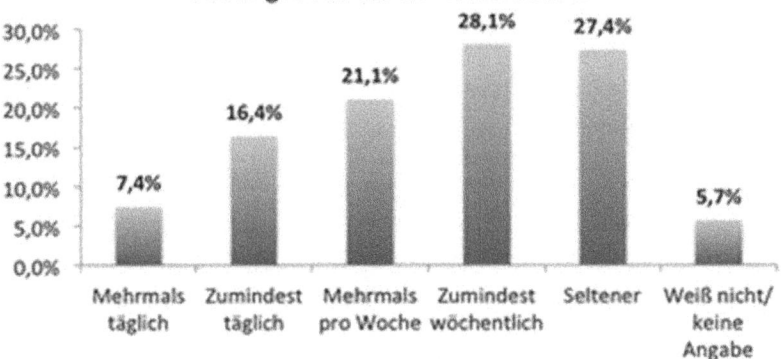

Abbildung 4[71]

**Contentupdatehäufigkeit**

Eine nicht branchenspezifische Befragung der WKO aus dem Jahr 2011 zur social Media Nutzung zeigt, dass 73% der befragten Unternehmer, die auf sozialen Netzwerken vertreten sind, regelmäßig Content auf ihren Netzwerken veröffentlichen.

36,2% sind der Meinung, dass sich die Nutzung sozialer Netzwerke positiv auf das Geschäft ausgewirkt hat.[72]

H1: Die social Media Nutzungsintensität der österreichischen Unternehmen im Handel ist höher als in den anderen Branchen.

H2: Österreichische Unternehmen, die im Handel tätig sind, bedienen sich den visuellen sozialen Netzwerken am stärksten.

H3: Der Nutzungsgrad der social Media in der Finanzbranche ist im Vergleich zum Handel relativ gering.

H4: Österreichische Unternehmen in der Finanzbranche bedienen sich den visuellen sozialen Netzwerken am geringsten.

---

[71] WKO, 2011
[72] Vgl. WKO, 2011 in Hinterholzer/ Jooss, 2013: S. 167-223

H5: Österreichische Beherbergung- und Gastronomieunternehmen weisen eine hohe Nutzung in den visuellen sozialen Netzwerken auf.

> Welche Rolle spielt die **Zielgruppe** potentieller Kunden österreichischer Unternehmen auf die Kommunikation mittels diverser social Media Kanäle?

Eine Studie von Helena Winterhager mit dem Titel: SOCIAL MEDIA IN DER ÖFFENTLICHKEITSARBEIT GROßER BIBLIOTHEKEN IM INTERNATIONALEN VERGLEICH: STRATEGIEN – UMSETZUNG – BEST PRACTICE deutet darauf hin, dass die Zielgruppenorientierung, sowie auch die Branche eines Unternehmens eine Auswirkung bei der Wahl oder Nutzung diverser sozialer Medien haben könnte.[73]

Eine aktuelle Jugend Internet Monitor Umfrage, die im Jänner und Februar 2020 durchgeführt wurde, ergab, dass mit 91% aller Jugendlichen in Österreich zwischen 11 und 17 Jahren Youtube hoch im Kurs steht. Gefolgt von Instagram mit 76% und Snapchat mit 62% Nutzung. Facebook schneidet mit 48% im Vergleich relativ schlecht ab. In Hinsicht auf das Geschlecht, gibt es bei diesen Netzwerken nur geringfügige Unterschiede. Im Gegensatz zu Pinterest, das wesentlich beliebter bei der weiblichen Zielgruppe ist. Twitter ist dann wiederum deutlich bei den männlichen Jugendlichen beliebt.[74]

Die Statistik aus dem Jahr 2019 der Statistik Austria zeigt, dass 94,5% der 16 bis 24 jährigen sich der Nutzung sozialer Netzwerke bedienen. Dagegen liegt die Nutzung bei 65 bis 74 jährigen lediglich bei 27,2%. Aus den Daten ist deutlich erkennbar, dass die Nutzung mit voranschreitendem Alter sinkt, auch wenn die Nutzung bei 35-44 jährigen immer noch bei stolzen 70,7% liegt. Hinsichtlich des Geschlechts ist die Nutzung bei Frauen geringfügig höher als bei Männern. (60,7% vs. 66%)[75]

Die statista.com berichtet im Jahr 2020, dass die Nutzerzahlen bei Instagram weltweit mit Abstand von den 18-34 Jährigen dominiert werden und monatlich verzeichnet diese Plattform eine Milliarde aktive Nutzer. Die artworx.at berichtet im Jahr 2020, dass die Nutzerzahlern bei

---

[73] Vgl. Winterhager, 2019
[74] Vgl. Saferinternet, 2020
[75] Vgl. Statistik Austria 2, 2019

Facebook in Österreich von 25-64 Jährigen dominiert wird und bestätigt auch die Tendenz bei Instagram in Österreich. [76][77]

In der explorativen Studie von Charest et al. wird präsentiert, dass die Nutzung eines soziales Netzwerks weniger von den Zielen als von der Zielgruppe abhängig ist und dass jede Plattform ihre eigene Persönlichkeit hat und das wirkt sich auf die Art des Contents aus. [78]

H1: Je jünger die Zielgruppe eines österreichischen Unternehmens, desto häufiger kommen visuelle soziale Netzwerke wie Instagram, Snapchat oder Youtube zum Einsatz.

H2: Je älter die Zielgruppe eines österreichischen Unternehmens, desto seltener werden sozialer Netzwerke genutzt.

H3: Es wird kein geschlechtsspezifischer Unterschied hinsichtlich der Zielgruppe bei der Nutzung diverser sozialer Netzwerke vermutet.

> Welche Auswirkungen hat die **Betriebsgröße** österreichischer Unternehmen auf die Kommunikation mittels diverser social Media Kanäle?

Anhand der Daten der Statistik Austria aus dem Jahr 2019 kann gesagt werden, dass je mehr Mitarbeiter es in einem Unternehmen gibt, desto stärker ist die Nutzung sozialer Medien. Lediglich 56,9% der Unternehmen mit 10-49 Beschäftigten nutzen soziale Medien und im Vergleich dazu nutzen 82% der Unternehmen mit mehr als 250 Beschäftigen sozialen Medien. [79]

Da die Kommunikation mittels sozialer Netzwerke ressourcenaufwändig, spielt die Betriebsgröße häufig eine wichtige Rolle. Denn je größer ein Unternehmen, desto größer sind die Ressourcen, nicht nur das „Know How", das monetäre Kapital aber auch das Humankapital.[80]

In der quantitativen Primärerhebung von Pinkwinkler et al. wurden Beherbergungsbetriebe, in den Bundesländern Salzburg und Bayern, befragt. Aus dieser Studie ist zu entnehmen, dass *„je größer die Betriebe, desto eher werden verschiedenste Online-Technologien eingesetzt."* Die

---

[76] Vgl. Antworx, 2020
[77] Vgl. Poleshova b, 2020
[78] Vgl. Charest/ Bouffard/ Zajmovic, 2016: S. 530-538.
[79] Vgl. Statistik Austria, 2019
[80] Vgl. Sachse- Henninger, 2017

Nutzung der social network Plattformen lag damals bei 23% und weitere 30,1% der befragten Betriebe wollten in Zukunft diese Technologie nutzen. 83,3% der Befragten würden soziale Netzwerke für die Informationsbereitstellung und 73,8% als Kommunikationsplattform nutzen. Bei 32% der Befragten ist die Nutzung von Facebook aktiv in Betrieb, passiv hingegen mit 31%, Youtube bei 25% aktiv und 26% passiv und Twitter bei 4% der befragten Betriebe aktiv und dreifach mit 12% passiv. Aus Sicht der Betriebe sind Internettechnologien bei 29,5% zum Informieren sehr wichtig und zur Kontaktpflege bei 10,4% sehr wichtig. [81]

Eine Studie aus dem Jahr 2013, die im deutschsprachigen Raum durchgeführt wurde (Österreich, Deutschland, Liechtenstein und Schweiz) mit dem Titel „ Social Media Marketing: Nutzungsgründe, Barrieren und Controlling", durchgeführt von der Universität Liechtenstein zeigt, dass Großunternehmen, die definiert wurden als Unternehmen mit mehr als 250 Mitarbeiter, im Vergleich zu KMU, stärker in sozialen Netzwerken vertreten sind. Hauptgrund, dass die Großunternehmen häufiger posten und auch in mehreren Netzwerken vertreten sind ist der Ressourcenvorteil. Im Vergleich zu KMUs verfügen Großunternehmen über mehr humanem, sowie monetärem Kapital. Die KMUs schrecken vor allem von den indirekten Kosten, wie Zeit, zurück. 81% der befragten Großunternehmen sind bei sozialen Netzwerken vertreten, wohingegen nur 58% der KMUs. 92% der Unternehmen konnten mithilfe sozialer Netzwerke den Bekanntheitsgrad des Unternehmens steigern. Lediglich 48% sind der Meinung, dass sie durch die sozialen Netzwerke ihr Image verbessen konnten. [82]

Drei Studien mit dem Titel Digitale Kompetenzen in österreichischen KMUs im Auftrag von Bundesministerium Digitalisierung und Wirtschaftsstandort veröffentlicht im Mai 2020 zeigen, dass kleine Unternehmen eher digitalisierungskritisch sind und wiederum größere Unternehmen, die meist über jüngere und/ oder gebildetere Mitarbeiter verfügen der Digitalisierung willkommener heißen. Aus der Studie geht raus, dass die österreichischen KMUs nicht wissen, wie sie digitale Technologien in ihrem Unternehmen einsetzen können und dadurch entfällt die Motivation. Vor allem die Gastronomie und Versicherungsbranche steht der Digitalisierung besonders kritisch.[83]

H1: Je größer das Unternehmen, desto mehr Accounts in den sozialen Medien werden unterhalten.

---

[81] Vgl. Pinwinkler/ Egger/ Joos, 2010 in Hinterholzer/ Jooss, 2013: S. 167-223
[82] Vgl. Kraus/ Hatak, 2013: S.84ff
[83] Vgl. Gangl/ Sonntag, 2020

H2: Große Unternehmen (mit mehr als 250 Beschäftigten) sind in den sozialen Medien aktiver (hinsichtlich der Häufigkeit der Postings) als die KMUs (mit weniger als 250 Beschäftigten).

> Welche Unterschiede lassen sich zwischen der Nutzung diverser social Media Kanäle österreichischer Unternehmen und dem **Alter** des Unternehmens feststellen?

Als digital native werden Personen bezeichnet, die mit neuen Technologien aufgewachsen sind. Mit digital native werden meist Generationen, die nach 1980 geboren wurden bezeichnet. Auch wenn dieser Begriff teilweise kritisiert wird, kann es als eine generationsspezifische Abgrenzung zu der neuen Ära der technikaffinen Generation betrachtet werden. [84] Wie bereits in der Literaturrecherche häufig erwähnt (Kapitel 3.1 Soziale Netzwerke und Kapitel 3.22 Instagram), gibt es hinsichtlich der Nutzung der sozialen Netzwerke altersbedingte Unterschiede. Lassen sich solche altersbedingten Unterschiede auch hinsichtlich des Alters eines Unternehmens feststellen?

H1: Der Nutzungsgrad der social Media Plattformen ist bei jüngeren Unternehmen höher als bei älteren.

H3: Je jünger ein Unternehmen, desto stärker wird der Fokus auf visuelle Kommunikation gelegt.

> Wie bewerten österreichische Unternehmer die **Kommunikation mittels Bilder** im Vergleich zum Text?

Die Studie aus dem Jahr 2017 von dem European Communication Monitor (siehe Kapitel 3.2 visuelle Kommunikation) zeigt, dass die visuelle Kommunikation bei den europäischen Unternehmen an Bedeutung zugelegt hat, wie auch die Studie aus China von Men und Tsai postuliert. [85]

H1: Die Unternehmer bewerten die Kommunikation mittels Bilder als wichtiger als die Kommunikation mittels Text.

---

[84] Vgl. Ryte, (o.J.)
[85] Vgl. Zerfass et al., 2017 & Men/ Tsai, 2011

## 4.2 Operationalisierung

Um Analysen des Datenmaterials durchführen zu können, muss eine Operationalisierung der Variablen durchgeführt werden.

1. Welche sozialen Netzwerke nutzen die österreichischen Unternehmen?

H1: Instagram und Facebook sind bei den österreichischen Unternehmen die am häufigsten genutzten sozialen Netzwerke.

UV: soziale Netzwerke (Ausprägungen: Instagram, Facebook, Snapchat, Twitter, etc.) (nominal)

AV: Nutzung von Medien ( AP: ja/nein) (nominal)

F11: Welche sozialen Netzwerke nutzen Sie in Ihrem Unternehmen?

(mehrfach Antwort möglich)

2. Welche Auswirkungen hat die Branche österreichischer Unternehmen auf die Kommunikation mittels diverser sozialer Netzwerke?

H1: Die social Media Nutzungsintensität der österreichischen Unternehmen im Handel ist höher als in den anderen Branchen.

F4+F17

H2: Österreichische Unternehmen, die im Handel tätig sind, bedienen sich den visuellen sozialen Netzwerken am stärksten.

F4+F11

H3: Der Nutzungsgrad der social Media in der Finanz- und Versicherungsbranche ist im Vergleich zum Handel relativ gering.

F4+F16

H4: Österreichische Unternehmen in der Finanz- und Versicherungsbranche bedienen sich den visuellen sozialen Netzwerken am geringsten.

F4+F11

H5: Österreichische Beherbergung- und Gastronomieunternehmen weisen eine hohe Nutzung in den visuellen sozialen Netzwerken auf.

F4+F11

UV: Branche (AP: Finanz- und Versicherungsdienstleistungen, Beherbergung und Gastronomie, Handel, Instandhaltung und Reparatur von Kraftfahrzeugen, andere) (nominal)

AV: soziale Netzwerke (AP: Instagram, Facebook, Snapchat, Twitter, etc,) (nominal)

F4: In welcher Branche ist ihr Unternehmen tätig?

F11: Welche sozialen Netzwerke nutzen Sie in Ihrem Unternehmen?

F16: Wie häufig (im Durchschnitt) posten Sie Content auf Ihren sozialen Netzwerken?

3. Welche Rolle spielt die Zielgruppe potentieller Kunden österreichischer Unternehmen auf die Kommunikation mittels diverser social Media Kanäle?

H1: Je jünger die Zielgruppe eines österreichischen Unternehmens, desto häufiger kommen visuelle soziale Netzwerke wie Instagram, Snapchat oder Youtube zum Einsatz.

F10+F11

H2: Je älter die Zielgruppe eines österreichischen Unternehmens, desto seltener werden sozialer Netzwerke genutzt.

F10+F11

H3: Es wird kein geschlechtsspezifischer Unterschied hinsichtlich der Zielgruppe bei der Nutzung diverser sozialer Netzwerke vermutet.

F9

UV: Zielgruppe (AP: Altersgruppen (ordinal); Geschelcht: M/W (nominal))

AV: soziale Netzwerke (AP: Instagram, Facebook, Snapchat, Twitter..etc, Keine) (nominal)

F9: Welche Personen gehören zu Ihrer Zielgruppe?

F10: Welche Altersgruppen gehören zu Ihrer Zielgruppe?

F11: Welche sozialen Netzwerke nutzen Sie in Ihrem Unternehmen?

4. Welche Auswirkungen hat die Betriebsgröße österreichischer Unternehmen auf die Kommunikation mittels diverser social Media Kanäle?

H1: Je größer das Unternehmen, desto mehr Accounts in den sozialen Medien werden unterhalten.

F5, F6 + F11

H2: Große Unternehmen (mit mehr als 250 Beschäftigten) sind in den sozialen Netzwerken aktiver (hinsichtlich der Häufigkeit der Postings) als die KMUs.

F7+F16, F17

UV: Betriebsgröße (AP: Anzahl der Beschäftigten: (ordinal); Umsatz: Kategorien (rational);

AV: soziale Netzwerke (AP: Instagram, Facebook, Snapchat, Twitter, etc.) (nominal)

F5: Auf welcher Höhe beliefen sich Ihre Umsatzerlöse für das Jahr 2019?

F6: Wie viele Beschäftigte sind in Ihrem Unternehmen tätig?

F11: Welche sozialen Netzwerke nutzen Sie in Ihrem Unternehmen?

F16: Wie häufig posten Sie Content auf Ihren sozialen Netzwerken?

F17: Wie häufig posten Sie Bilder oder Videos?

5. Welche Unterschiede lassen sich zwischen der Nutzung diverser social media Kanäle österreichischer Unternehmen und dem Alter des Unternehmens feststellen?

H1: Der Nutzungsgrad der social Media Plattformen ist bei jüngeren Unternehmen höher als älteren.

F1+F16, F17

H3: Je jünger ein Unternehmen, desto stärker wird der Fokus auf visuelle Kommunikation gelegt.

F1 + F11

UV: Alter des Unternehmens ( AP: freie Angabe der Jahre (intervall); Startup: ja/nein (nominal))

AV: Social Media (AP: Instagram, Facebook, Snapchat, Twitter..etc, Keine) (nominal)

F1: Bitte geben Sie an, wann ihr Unternehmen gegründet wurde. (Angabe in Jahren)

F11: Welche sozialen Netzwerke nutzen Sie in Ihrem Unternehmen?

F16: Wie häufig posten Sie Content auf Ihren sozialen Netzwerken?

F17: Wie häufig posten Sie Bilder oder Videos?

6. Wie bewerten österreichische Unternehmer die Kommunikation mittels Bilder im Vergleich zum Text?

H1: Die Unternehmer bewerten die Kommunikation mittels Bilder als wichtiger als die Kommunikation mittels Text.

F14

UV: Aussagen über die Kommunikation (Foto/Video; Text) (nominal)

AV: Bewertung (stimme voll zu….stimme nicht zu) (nominal)

F14 Bewerten Sie folgende Aussagen auf einer Skala von 1-5

### 4.3 Daten und Methoden

#### 4.3.1 Bestimmung der Grundgesamtheit

Zur Bestimmung der Grundgesamtheit wurde die Aurelia Datenbank von BUREAU VAN DIJK (A Moody´s analytics company) verwendet. Diese Datenbank bietet unzählige Informationen zu den österreichischen Unternehmen. Mit dem Stand 16.06.2020 werden in dieser Datenbank 643.081 Unternehmen gelistet. Der für gewöhnlich kostenpflichtige Zugang wurde durch die Universität Wien gewährt, als studentischer Zugang zu einer Datenbank.

Für diese quantitative Untersuchung wurden die Unternehmen nach Branchen ausgewählt. Mit der Suchleiste: Branche→ Branchencodes→ Die Branchenklassifizierung nach ÖNANCE 2008→ anschließend wurden aus den Kategorien (A-U), drei Kategorien ausgewählt (G-Handel; Instandhaltung und Reparatur von Kraftfahrzeugen; I-Beherbergung und Gastronomie und K-Erbringung von Finanz- und Versicherungsdienstleistungen.) Die Kategorien wurden in Anlehnung an die Statistik: IKT Einsatz im Unternehmen 2019 der Statistik Austria ausgewählt. Die Gesamtanzahl der ausgewählten Unternehmen betrug **190.886** (etwa ein Drittel aller Unternehmen in Österreich), das entspricht der definierten **Grundgesamtheit**. Die Liste liefert Informationen wie Name des Unternehmens; ID Nummer, Postleitzahl, Ort, Umsatz und mit einer Zusatzoption können auch Kontaktdaten wie Email Adresse ausgewählt werden.

Die Liste lässt sich beispielsweise in Excel exportieren. Jedoch dürfen maximal 166.666 Unternehmen gleichzeitig exportiert werden, daher werden 3 getrennte Listen erstellt.

Die Liste: G-Handel; Instandhaltung und Reparatur von Kraftfahrzeugen liefert 121.713 Einträge; I-Beherbergung und Gastronomie liefert 41.179 Einträge und K- Erbringung von Finanz- und Versicherungsleistungen 27.994 Einträge. Die separaten Listen werden mit der „Würfelfunktion" erstmal zufällig gereiht, so dass keine logische Reihenfolge mehr besteht (grundsätzlich ist die Liste nach dem Umsatz gereiht, vom größten Umsatz, zum kleinsten) und in einer Excel Datei heruntergeladen.

### 4.3.2. Stichprobe

Da Vollerhebung wegen ihrer Größe aus Ressourcengründen nicht durchführbar ist, wird eine zufällige Stichprobe gewählt. Die Größe der Stichprobe wurde mittels des Onlinetools: https://www.qualtrics.com/de/erlebnismanagement/marktforschung/stichprobenrechner/ mit einem Konfidenzintervall von 95% und einem 5% Fehler auf 384 berechnet.

Wie bereits erwähnt mussten die Listen separat heruntergeladen werden, daher wurde eine Verteilung der jeweiligen Branchen erstellt.

Um eine repräsentative Stichprobe zu gewährleisten wurden außerdem jeweils die ersten 10-20 Treffer von den Umsatzstärksten Unternehmen ausgewählt, 10-20 Treffer in der untersten Umsatzkategorie, dafür wurde eine gereihte Liste verwendet.

G-Handel; Instandhaltung und Reparatur von Kraftfahrzeugen mit 121.713 Einträge entspricht 63,7% der Grundgesamtheit, daher werden aus dieser Kategorie verhältnismäßig 598 Unternehmen befragt, hier wurden 33 Emails als unzustellbar markiert.

I-Beherbergung und Gastronomie mit 41.179 Einträgen, entspricht 21,6% der Grundgesamtheit, aus dieser Kategorie verhältnismäßig 203 Unternehmen befragt. Hier wurde 22 Emails als nicht zugestellt vermerkt.

K- Erbringung von Finanz- und Versicherungsleistungen mit 27.994 Einträge, entspricht 14,7% der Grundgesamtheit und aus dieser Kategorie verhältnismäßig 138 Unternehmen befragt, davon wurden 11 Emails als unzustellbar markiert

Insgesamt wurden 939 Emails verschickt, davon wurden 66 nicht zugestellt, daher entspricht es einer tatsächlichen Stichprobe von 873 Unternehmen.

Die jeweiligen Unternehmen wurden zum Teil einzeln angeschrieben, um die Spamgefahr zu minimieren und die Rücklaufquote zu erhöhen und zum Teil als Bcc Email.

Befragt wurden die Unternehmen in dem Zeitraum 16.6.2020-17.07.2020 und als Anreiz wurde den Unternehmen angeboten, sich entweder am Ende der Umfrage einzutragen oder gesondert per Email zu melden, um die Forschungsarbeit im Gegenzug zu erhalten. Am 13.07.2020 wurde ein Reminder an die Unternehmer verschickt, mit der Bitte an der Umfrage teilzunehmen.

### 4.3.3 Methode

Als Methode wurde die quantitative Erhebung, mittels einer Online Befragung gewählt, die Umfrage ist im Anhang zu finden. Die quantitative Methode wurde gewählt, um präzise Daten zu erhalten, um Vergleiche und statistische Abhängigkeiten zwischen verschiedenen Gruppen feststellen zu können. Ebenfalls bietet die eine Online Befragung die Möglichkeit an, große Anzahl an Teilnehmer zu erreichen und dank dieser zeitsparenden Methode, im Vergleich zu einem Interview, spricht diese Methode in der Regel mehr Menschen an. Der Nachteil einer Online Befragung kann eine geringe Rücklaufquote sein oder dass keine Möglichkeit besteht, weiterführende Fragen zu stellen.

Die Umfrage umfasst zwei Teile. Der erste Teil enthält generelle Fragen zum Unternehmen, wie beispielsweise die Betriebsgröße, gemessen anhand der Kennzahlen: Anzahl der Mitarbeiter und Umsatzerlöse; die Branchenzugehörigkeit (FINANZ- UND

VERSICHERUNGSDIENSTLEISTUNGEN; BEHERBERGUNG UND GASTRONOMIE; HANDEL; INSTANDHALTUNG UND REPARATUR VON KRAFTFAHRZEUGEN; andere). Der zweite Teil der Umfrage bezieht sich auf die Nutzung sozialer Netzwerke.

Als Erhebungsverfahren wurde eine Online Befragung durchgeführt.

Als Befragungstool wurde das Umfragetool: https://www.umfrageonline.com/ gewählt.

Die Umfrage wurde am 16.06.2020 veröffentlicht.

Die Daten wurden anschließen als eine CSV Datei heruntergeladen und mithilfe SPSS ausgewertet.

## 5. Ergebnisse

Die Online Umfrage war von 16.06.2020 bis einschließlich 17.07.2020 online verfügbar. Während des Befragungszeitraums war es absehbar, dass die Motivation zur Teilnahme an der Befragung unter Nicht-Nutzern sehr gering wird, trotzdem haben 15,9% teilgenommen, die keine sozialen Netzwerke nutzen. Ebenfalls befindet sich die Welt und vor allem die Wirtschaft in einer schwierigen wirtschaftlichen Situation, aufgrund der weltweiten Ausbreitung des SARS-CoV-2 Virus und die meisten Unternehmen werden zurzeit andere Prioritäten haben. 6 große Unternehmen haben sogar auf die E-Mail reagiert und begründet, keine Zeit für solche Umfragen zu haben und/ oder wäre es ihnen untersagt an auswärtigen Umfragen teilzunehmen, aufgrund der compliance Richtlinien.

Lediglich 44 Unternehmer haben die Umfrage bis zum Schluss beantwortet. Die Berechnung ergibt, dass bei 44 Unternehmen, eine **Fehlertoleranz (Stichprobenfehler)** von +/- 15% berücksichtigt werden muss, bei einem Konfidenzniveau von 95%. Das bedeutet, dass um Schlüsse zu ziehen, auf die dahinterliegende Grundgesamtheit, kann nur mit Vorsicht vorgegangen werden.

Der Rücklauf von 44 Unternehmern, von 873 angeschriebenen Unternehmen entspricht einer **5% Rücklaufquote.**

Die **Struktur der Stichprobe** ist breit gefächert. Das älteste Unternehmen wurde im Jahr 1854 und das jüngste 2020 gegründet. An der Umfrage haben Unternehmen teilgenommen, die alle

Bundesländer mit ihrer Tätigkeit in Österreich abdecken. Knapp 60% der Unternehmer sind in Wien tätig, 40,9% in Oberösterreich, gefolgt von Niederösterreich, Salzburg. Die wenigsten Unternehmer gehen ihrer Tätigkeit in Burgenland nach, mit 20,5% und 15,9% der befragten Unternehmen ist auch im Ausland tätig. Nur 3 von 44 Unternehmen würde sich als ein StartUp Unternehmen bezeichnen. 38,6% der Unternehmer sind im Handel tätig, 20,5% in Beherbergung und Gastronomie, 15,9% in Finanz- und Versicherungsdienstleitungen, 6,8% in Instandhaltung und Reparatur von Kraftfahrzeugen, 18,2% gibt an, aus einer anderen Branche zu sein. Die Umsatzerlöse für das Jahr 2019 der Unternehmer sind auch breit gefächert. 29,3% erwirtschafteten mehr als 50 Millionen Euro, 17,1% zwischen 200-700000€, 14,6% weniger als 50 Millionen Euro aber mehr als 10 Millionen und ebenfalls 14,6% lagen unter 200000 Euro. 9,8% lag unter 10 Millionen Euro aber mehr als 2 Millionen. Jeweils 7,3% erwirtschaftete weniger als 1 oder 2 Millionen Euro. 36,4% der Teilnehmer gehört zu den Großunternehmen, mit mehr als 249 Beschäftigten. Unter den restlichen KMUs (Kleinmittelunternehmen) waren 38,6% unter 10 Beschäftigten. 50% der Unternehmen haben keine definierte Zielgruppe hinsichtlich der demografischen Merkmale wie das Alter oder das Geschlecht. 86,5% gibt an, die sozialen Netzwerke für Ihre PR zu nutzen und nur 16,2% beschäftigt ein Subunternehmen für ihre PR Aktivitäten. Die Restlichen haben eigene Abteilung oder Mitarbeiter (54,1%) für die PR oder führen diese selber durch (37,8%). 37,8% der Unternehmer nutzt regelmäßig die Storyfunktion (ein bekanntes Feature von Snapchat, welches mittlerweile auch die anderen sozialen Netzwerke der Gruppe Facebook erobert hat- Facebook, Instagram, Whatsapp, welches auf dem visuellen Inhalt ausgerichtet ist.). 72,9% der Unternehmer postet regelmäßig (mindestens wöchentlich) Content und 64,8% visuellen Content auf ihren sozialen Netzwerken. 56,8% der Unternehmer möchte in Zukunft mehr Ressourcen in diesen Bereich investieren. 43,2% gibt an während der Coronakrise mehr mittels sozialer Netzwerke kommuniziert zu haben als üblicherweise.

Um die Frage zu beantworten, ob es sich trotz der relativen kleinen Datenmenge, um eine repräsentative Stichprobe handelt, muss die gewichtete Struktur des Datensatzes näher betrachtet werden. Im Falle einer repräsentativen Stichprobe können Aussagen über die Grundgesamtheit getroffen werden.

Die Struktur der Grundgesamtheit ist nur bezüglich der Branchenverteilung von Beginn der Arbeit bekannt. Denn die Emails wurden auch hinsichtlich der gewichteten Struktur verschickt, um eine repräsentative Stichprobe zu erreichen.

Der Handel, einschließlich Instandhaltung und Reparatur von Kraftfahrzeugen entspricht 63,7% der Grundgesamtheit. Die Beherbergung und Gastronomie entspricht 21,6% der Grundgesamtheit. Die Finanz- und Versicherungsdienstleistungen Branche entspricht 14,7% der Grundgesamtheit.

Die Branchenverteilung der Stichprobe entspricht annähernd der Verteilung in der Grundgesamtheit. Bei der Heranziehung anderer Faktoren wie Umsatzerlöse und Mitarbeiteranzahl, ändert sich jedoch einiges. Denn laut WKÖ beträgt der Anteil der KMU Unternehmen 99,60%. [86] Auch das Bundesministerium für Digitalisierung und Wirtschaftsstandort berichtet 2017, dass der Anteil der KMU Unternehmen in Österreich 99,60% beträgt.[87] Daher ist die Stichprobe gemäß der Verteilung der Unternehmen nach Branchenzugehörigkeit und Mitarbeiterzahl, Umsatzerlöse **nicht repräsentativ** für die Grundgesamtheit.

### 5.1 Beantwortung der Forschungsfragen und Hypothesen

Um den Lesefluss nicht zu hindern werden die behandelten Branchen in diesem Kapitel mit Handel, KFZ Branche, Finanzbranche und Gastronomie bezeichnet.

FF1: Welche sozialen Netzwerke nutzen die österreichischen Unternehmen?

H1: Instagram und Facebook sind bei den österreichischen Unternehmen die am häufigsten genutzten sozialen Netzwerke.

---

[86] WKÖ, 2018
[87] Vgl. Bundesministerium für Digitalisierung und Wirtschaftsstandort, 2017

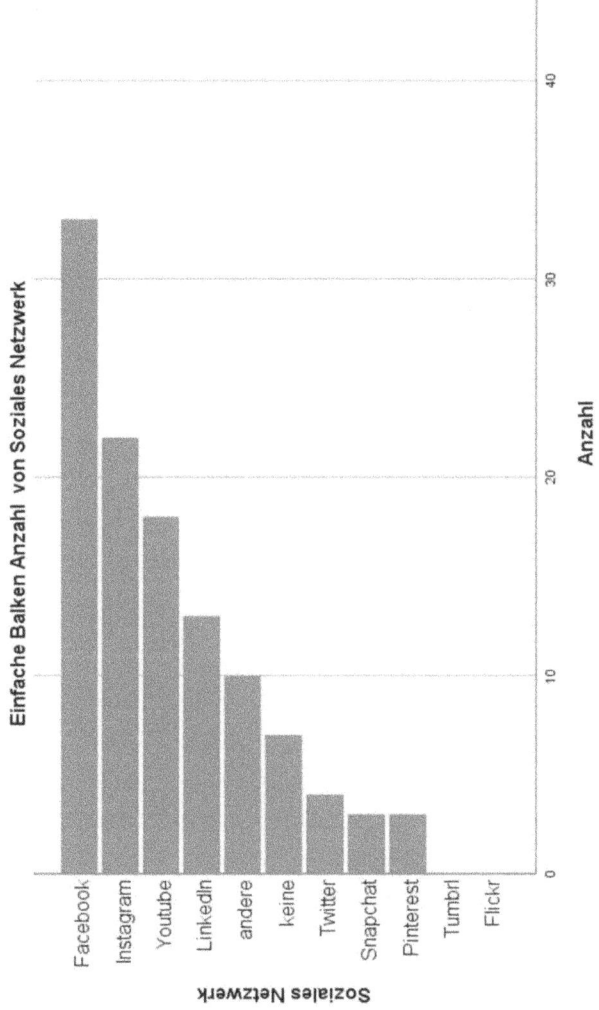

Abbildung 5[88]

**Nutzung sozialer Netzwerke**

Anhand der Grafik lässt sich erkennen, dass Instagram und Facebook die beliebtesten sozialen Netzwerke bei den österreichischen Unternehmen sind und die Hypothese kann dadurch bestätigt werden.

---

[88] Eigene Darstellung (SPSS)

|  |  | Antworten | | Prozent der Fälle |
| --- | --- | --- | --- | --- |
|  |  | N | Prozent |  |
| Sozialer Netzwerke<sup>a</sup> | Facebook | 33 | 29,2% | 75,0% |
|  | Instagram | 22 | 19,5% | 50,0% |
|  | Snapchat | 3 | 2,7% | 6,8% |
|  | Youtube | 18 | 15,9% | 40,9% |
|  | Twitter | 4 | 3,5% | 9,1% |
|  | LinkedIn | 13 | 11,5% | 29,5% |
|  | keine | 7 | 6,2% | 15,9% |
|  | andere | 10 | 8,8% | 22,7% |
|  | Pinterest | 3 | 2,7% | 6,8% |
| Gesamt |  | 113 | 100,0% | 256,8% |

a. Dichotomie-Gruppe tabellarisch dargestellt bei Wert 1.

Abbildung 6[89]

**Nutzung sozialer Netzwerke in %**

Um die Forschungsfrage zu beantworten, lässt sich anhand der Abbildung 6 sagen, dass 75% der befragten Unternehmen Facebook nutzen, gefolgt von Instagram mit 50% und auf Platz 3 befindet sich die Plattform Youtube. Die visuelle Plattformen Tumbrl und Flickr werden von den befragten Unternehmen gar nicht genutzt. Pinterest und Snapchat werden lediglich von 6,8% genutzt. 15,9% der befragten Unternehmer gibt an keine sozialen Netzwerke zu nutzen.

FF2: Welche Auswirkungen hat die Branche österreichischer Unternehmen auf die Kommunikation mittels diverser sozialer Netzwerke?

---

[89] Eigene Darstellung (SPSS)

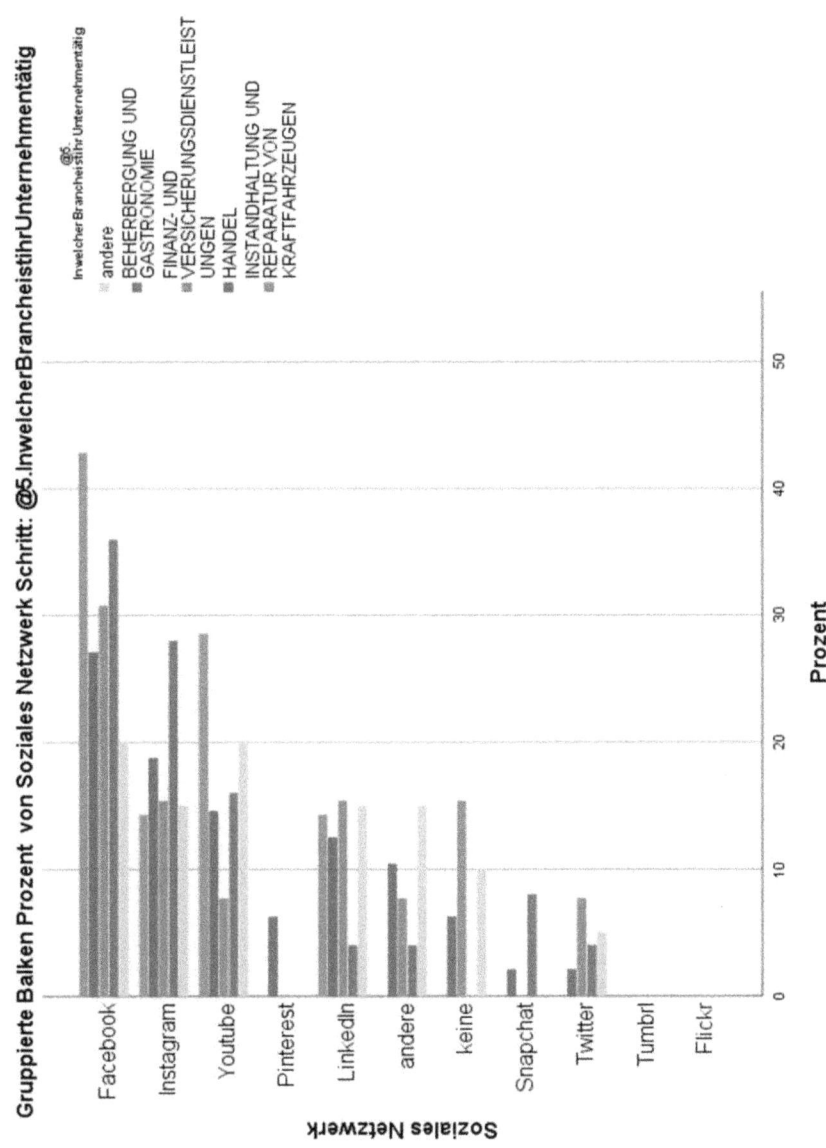

Abbildung 7[90]

**Branchenverteilung hinsichtlich der Nutzung sozialer Netzwerke**

---

[90] Eigene Darstellung (SPSS)

**Kreuztabelle $SM*Branche**

| Soziale Netzwerke[a] | | | HANDEL | FINANZ- UND VERSICHERUNGSDIENSTLEISTUNGEN | BEHERBERGUNG UND GASTRONOMIE | INSTANDHALTUNG UND REPARATUR VON KRAFTFAHRZEUGEN | andere | Gesamt |
|---|---|---|---|---|---|---|---|---|
| | Facebook | Anzahl | 13 | 4 | 9 | 3 | 4 | 33 |
| | | Innerhalb Branche% | 76,5% | 57,1% | 100,0% | 100,0% | 50,0% | |
| | Instagram | Anzahl | 9 | 2 | 7 | 1 | 3 | 22 |
| | | Innerhalb Branche% | 52,9% | 28,6% | 77,8% | 33,3% | 37,5% | |
| | Snapchat | Anzahl | 1 | 0 | 2 | 0 | 0 | 3 |
| | | Innerhalb Branche% | 5,9% | 0,0% | 22,2% | 0,0% | 0,0% | |
| | Youtube | Anzahl | 7 | 1 | 4 | 2 | 4 | 18 |
| | | Innerhalb Branche% | 41,2% | 14,3% | 44,4% | 66,7% | 50,0% | |
| | Twitter | Anzahl | 1 | 1 | 1 | 0 | 1 | 4 |
| | | Innerhalb Branche% | 5,9% | 14,3% | 11,1% | 0,0% | 12,5% | |
| | Linkedin | Anzahl | 6 | 2 | 1 | 1 | 3 | 13 |
| | | Innerhalb Branche% | 35,3% | 28,6% | 11,1% | 33,3% | 37,5% | |
| | keine | Anzahl | 3 | 2 | 0 | 0 | 2 | 7 |
| | | Innerhalb Branche% | 17,6% | 28,6% | 0,0% | 0,0% | 25,0% | |
| | andere | Anzahl | 5 | 1 | 1 | 0 | 3 | 10 |
| | | Innerhalb Branche% | 29,4% | 14,3% | 11,1% | 0,0% | 37,5% | |
| | Pinterest | Anzahl | 3 | 0 | 0 | 0 | 0 | 3 |
| | | Innerhalb Branche% | 17,6% | 0,0% | 0,0% | 0,0% | 0,0% | |
| Gesamt | | Anzahl | 17 | 7 | 9 | 3 | 8 | 44 |

Prozentsätze und Gesamtwerte beruhen auf den Befragten.
a. Dichotomie-Gruppe tabellarisch dargestellt bei Wert 1.

Abbildung 8[91]

**Kreuztabelle Branche x soziale Netzwerke**

---

[91] Eigene Darstellung (SPSS)

Die Plattform Facebook wird von 100% der befragten Unternehmer aus der KFZ Branche und der Gastronomie genutzt, gefolgt von Handel und der Finanzbranche. Instagram ist unter den Gastronomen am beliebtesten, gefolgt vom Handel und Youtube in der KFZ (Kraftfahrzeug) Branche. Die Plattform Pinterest wird nur im Handel verwendet. LinkedIn ist innerhalb der Branchen relativ ausgeglichen, bis auf die Gastronomie und die Finanzbranche liegt nur knapp in Führung. Snapchat ist in der Gastronomie am beliebtesten und nur in der Gastronomie und Handel vertreten. Twitter ist am beliebtesten bei der Finanzbranche und am wenigsten bei der Handelsbranche, die KFZ Branche unterhält auf dieser Plattform keine Accounts. Die Plattformen Tumbrl und Flickr werden von den befragten Unternehmen nicht verwendet. Wiederum nutzen 20,8% der befragten Unternehmer andere Plattformen als angegeben. Nur die Gastronomie und KFZ Branche gibt nicht an, keine sozialen Netzwerke zu nutzen. In der Finanzbranche ist die Nichtnutzung sozialer Netzwerke ausgeprägt.

H1: Die social Media Nutzungsintensität der österreichischen Unternehmen im Handel ist höher als in den anderen Branchen.

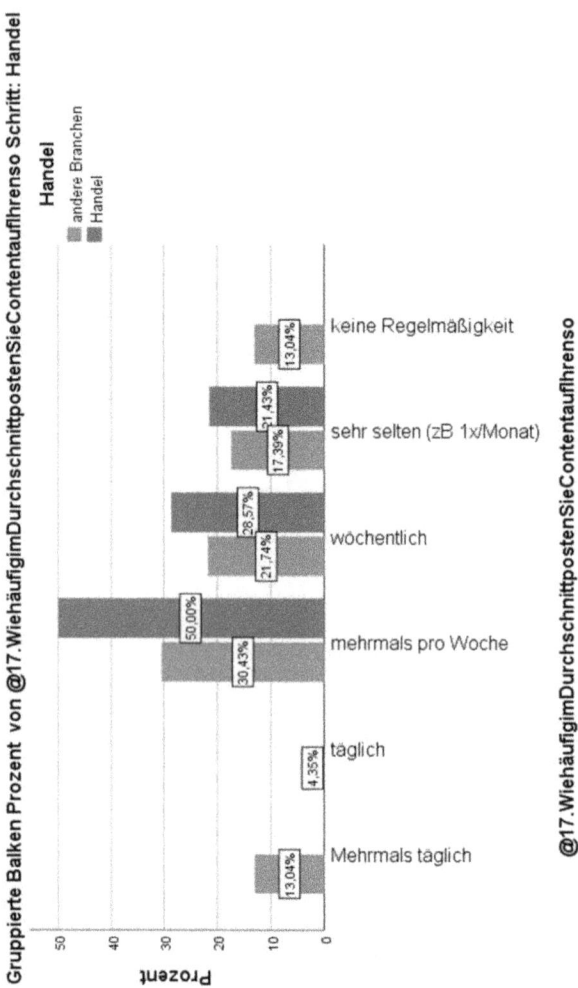

Abbildung 9[92]

**Nutzungsintensität sozialer Netzwerke Handel x andere Branchen**

Innerhalb der Gruppe summieren sich die Balken auf 100%, dadurch ist Vergleichbarkeit möglich. Mit einem U Test, Mann Whitney U Test, wird geprüft, ob der Unterschied statistisch signifikant ist.

---

[92] Eigene Darstellung (SPSS)

**Ränge**

| | Handel | N | Mittlerer Rang | Rangsumme |
|---|---|---|---|---|
| @17.WiehäufigimDurchschnittpostenSieContentaufIhrenso | ,00 | 23 | 19,02 | 437,50 |
| | 1,00 | 14 | 18,96 | 265,50 |
| | Gesamt | 37 | | |

**Statistik für Test[a]**

| | @17.WiehäufigimDurchschnittpostenSieContentaufIhrenso |
|---|---|
| Mann-Whitney-U | 160,500 |
| Wilcoxon-W | 265,500 |
| Z | -,016 |
| Asymptotische Signifikanz (2-seitig) | ,987 |
| Exakte Signifikanz [2*(1-seitige Sig.)] | ,988[b] |

a. Gruppenvariable: Handel
b. Nicht für Bindungen korrigiert.

Abbildung 10[93]

**Signifikanztest Nutzungsintensität im Handel**

---

[93] Eigene Darstellung (SPSS)

Der Test hat keinen signifikanten Unterschied zwischen Handel und den restlichen Branchen ergeben. Die Unternehmer in der Handelsbranche posten niemals täglich, gar mehrmals täglich, aber 78, 57% der Unternehmer postet regelmäßig, mindestens wöchentlich, auf ihren sozialen Netzwerken, eine Regelmäßigkeit ist in 100% der Fälle gegeben.

Die Handelsbranche ist die einzige Branche, die in allen Gruppen, ausgenommen Tumbrl und Flickr, vertreten ist.

H2: Österreichische Unternehmen, die im Handel tätig sind, bedienen sich den visuellen sozialen Netzwerken am stärksten.

Da sich bei der Frage nach der Nutzung diverser sozialer Netzwerke um eine Mehrfachantwort handelt, ist kein Test möglich.

Die Abbildung 7 besagt jedoch, dass die Plattformen in der Reihenfolge beginnend mit Facebook, Instagram, YouTube, LinkedIn und anderen zu den beliebtesten Netzwerken im Handel zählen. Die Plattform Pinterest wird nur im Handel verwendet. Es kann jedoch nicht gesagt werden, dass die Unternehmen, die im Handel tätig sind, sich den visuellen sozialen Netzwerken am stärksten bedienen.

H3: Der Nutzungsgrad der social Media in der Finanzbranche ist im Vergleich zum Handel relativ gering.

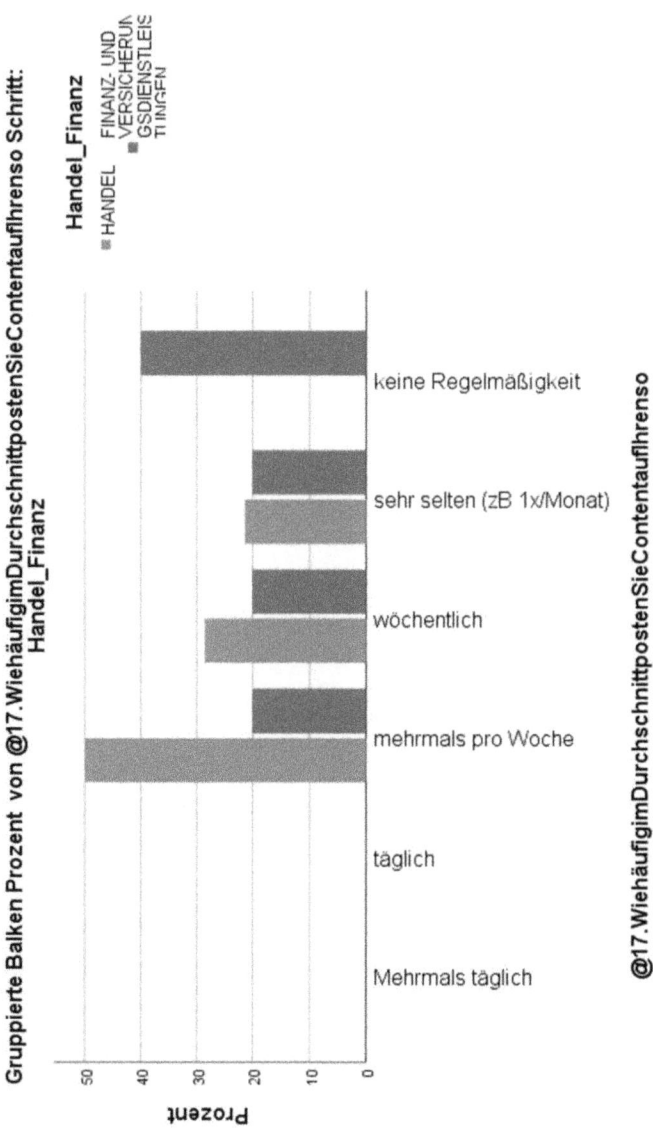

Abbildung 11[94]

**Nutzungsintensität sozialer Netzwerke Finanz x Handel**

---

[94] Eigene Darstellung (SPSS)

**Statistik für Test**[a]

| | @17.Wiehä ufigimDurch schnittposte nSieContent auflhrenso |
|---|---|
| Mann-Whitney-U | 17,000 |
| Wilcoxon-W | 122,000 |
| Z | -1,757 |
| Asymptotische Signifikanz (2-seitig) | ,079 |
| Exakte Signifikanz [2*(1-seitige Sig.)] | ,107[b] |

a. Gruppenvariable: Handel_Finanz
b. Nicht für Bindungen korrigiert.

Abbildung 12[95]

**Mann- Whitney- U Test Nutzungsintensität in der Finanzbranche**

Mit einem Mann Whitney U Test werden die Gruppen miteinander verglichen und geprüft, ob der Unterschied statistisch signifikant ist. Aufgrund der vorliegenden Stichprobe konnte kein signifikanter Unterschied zwischen Handel und Finanzbranche festgestellt werden ($p>0,05$). Auch wenn aus der Grafik ersichtlich ist, dass Finanz- und Versicherungsbranche weniger häufig postet, es geht daher in die Richtung, dass der Nutzungsgrad in der Finanzbranche geringer als im Handel ist aber die Hypothese kann dennoch nicht bestätigt werden.

H4: Österreichische Unternehmen in der Finanzbranche bedienen sich den visuellen sozialen Netzwerken am geringsten.

Anhand der Abbildung 7 kann gesagt werden, dass sich die Finanzbranche den visuellen sozialen Netzwerken am geringsten bedient. In der Führung liegen die Netzwerke: Facebook,

---

[95] Eigene Darstellung (SPSS)

Instagram, LinkedIn und keine sozialen Netzwerke. In der Twitternutzung übernimmt diese Branche die Führung.

H5: Österreichische Beherbergung- und Gastronomieunternehmen weisen eine durchschnittliche Nutzung in den visuellen sozialen Netzwerken auf.

Die Abbildung 7 zeigt, dass Facebook, Instagram und Youtube die beliebtesten Plattformen unter den österreichischen Gastronomen sind.

Abbildung 13[96]

**Nutzungsintensität sozialer Netzwerke in der Gastronomie**

---

[96] Eigene Darstellung (SPSS)

Die Abbildung 13 zeigt, dass die Gastronomen am häufigsten auf Facebook und Instagram posten. Ebenfalls auf Snapchat und Youtube. Generell liegt diese Branche in der Führung hinsichtlich der Nutzungsintensität sozialer Netzwerke, es besteht eine klare Regelmäßig.

Die Gastronomie liegt deutlich in der Führung hinsichtlich der Nutzung von Instagram und Snapchat. Zusammenfassend kann gesagt werden, dass die Gastronomen sich innerhalb der diversen Branchen am stärksten den visuellen sozialen Netzwerken bedienen. Somit kann die Hypothese nicht bestätigt werden.

FF3: Welche Rolle spielt die Zielgruppe potentieller Kunden österreichischer Unternehmen auf die Kommunikation mittels diverser social Media Kanäle?

Da es sich um ein Mehrfachantwortset handelt, können keine Tests auf Signifikanz durchgeführt werden. 50% der befragten Unternehmen geben an, keine definierte Zielgruppe zu haben, daher ist es auch weniger erstaunlich, dass die Zielgruppe nur eine geringfügige Auswirkung auf die Nutzung diverser sozialer Netzwerke hat.

H1: Je jünger die Zielgruppe eines österreichischen Unternehmens, desto häufiger kommen visuelle soziale Netzwerke wie Instagram, Snapchat oder Youtube zum Einsatz.

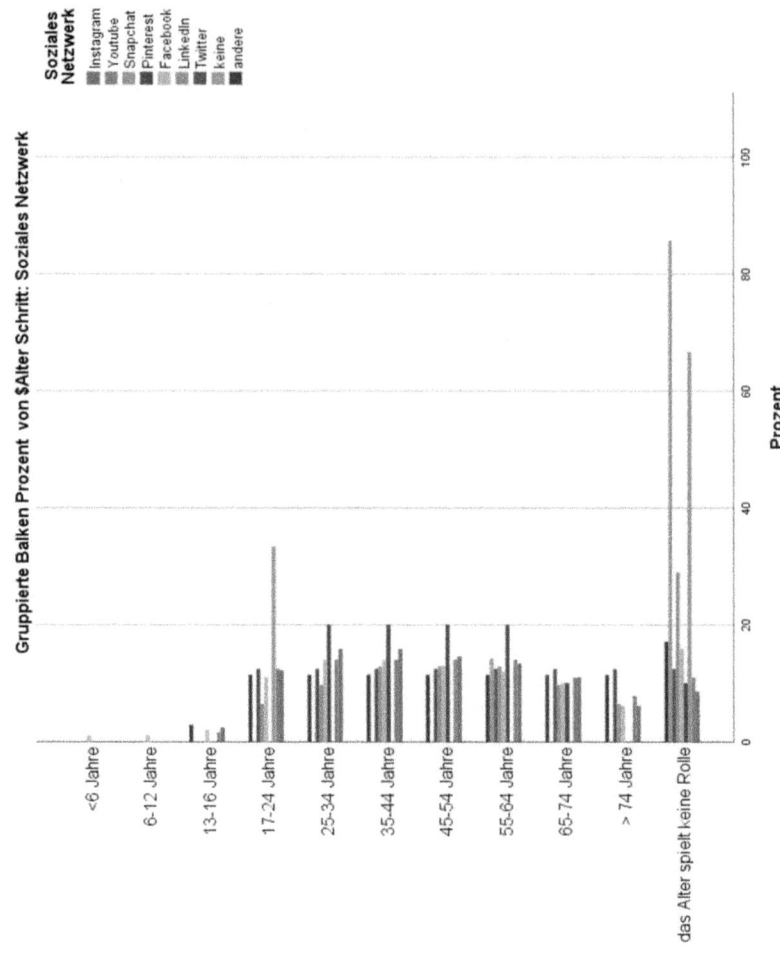

Abbildung 14[97]

---

[97] Eigene Darstellung (SPSS)

**Verteilung der Nutzung sozialer Netzwerke nach dem Alter der Zielgruppe**

Aus der Abbildung 14 (Rottöne wurden für die visuellen Netzwerke gewählt und Blautöne für die Textbasierten, Facebook enthält beide Komponente, daher wurde die Farbe Grün verwendet) ist ersichtlich, dass für die Zielgruppe der 0-12-Jährigen nur Facebook verwendet wird aber sonst keine anderen sozialen Netzwerke. Der dahinterliegende Grund, könnte sein, dass es den Kindern und Jugendlichen offiziell bis zum 13. Lebensjahr untersagt ist, einen Account in den (meisten) sozialen Netzwerken anzulegen. Dies weicht jedoch von dem Mindestalter des österreichischen Datenschutzgesetzes ab, welches bei 14 Jahren liegt.[98] Bei den 13-16 jährigen wenden die Unternehmer nur Facebook, Instagram und Youtube an. Bei den 17-24 liegen die visuellen sozialen Netzwerke in der Führung, vor allem Snapchat. Pinterest liegt in der Führung in den Zielgruppen zwischen 25-64 Jahren und wird nur hinsichtlich dieser Alterskategorie verwendet und dort, wo das Alter keine Rolle spielt. Nur die Unternehmer, dessen Zielgruppe 55-64 Jahre ist oder wo das Alter keine Rolle spielt, verwenden keine sozialen Netzwerke. Bei der Zielgruppe ab 74 Jahren werden eher textbasierte Netzwerke verwendet. Snapchat liegt deutlich in der Führung auch bei Unternehmen, bei denen das Alter keine Rolle spielt. Die Hypothese kann daher nicht bestätigt werden.

H2: Je älter die Zielgruppe eines österreichischen Unternehmens, desto seltener werden sozialer Netzwerke genutzt.

---

[98] Vgl. Saferinternet, 2018

**Kreuztabelle $Alter*$SM**

| | | Facebook | Instagram | Snapchat | Youtube | Sozialer Netzwerke[a] Twitter | LinkedIn | keine | andere | Pinterest | Gesamt |
|---|---|---|---|---|---|---|---|---|---|---|---|
| $Alter[a] | <6 Jahre | Anzahl | 1 | 0 | 0 | 0 | 0 | 0 | 0 | 0 | 0 | 1 |
| | | Innerhalb $SM% | 3,0% | 0,0% | 0,0% | 0,0% | 0,0% | 0,0% | 0,0% | 0,0% | 0,0% | |
| | 6-12 Jahre | Anzahl | 1 | 0 | 0 | 0 | 0 | 0 | 0 | 0 | 0 | 1 |
| | | Innerhalb $SM% | 3,0% | 0,0% | 0,0% | 0,0% | 0,0% | 0,0% | 0,0% | 0,0% | 0,0% | |
| | 13-16 Jahre | Anzahl | 2 | 2 | 0 | 1 | 0 | 0 | 0 | 1 | 0 | 2 |
| | | Innerhalb $SM% | 6,1% | 9,1% | 0,0% | 5,6% | 0,0% | 0,0% | 0,0% | 10,0% | 0,0% | |
| | 17-24 Jahre | Anzahl | 11 | 10 | 1 | 8 | 2 | 2 | 0 | 4 | 0 | 12 |
| | | Innerhalb $SM% | 33,3% | 45,5% | 33,3% | 44,4% | 50,0% | 15,4% | 0,0% | 40,0% | 0,0% | |
| | 25-34 Jahre | Anzahl | 14 | 13 | 0 | 9 | 2 | 3 | 0 | 4 | 2 | 15 |
| | | Innerhalb $SM% | 42,4% | 59,1% | 0,0% | 50,0% | 50,0% | 23,1% | 0,0% | 40,0% | 66,7% | |
| | 35-44 Jahre | Anzahl | 14 | 13 | 0 | 9 | 2 | 4 | 0 | 4 | 2 | 15 |
| | | Innerhalb $SM% | 42,4% | 59,1% | 0,0% | 50,0% | 50,0% | 30,8% | 0,0% | 40,0% | 66,7% | |
| | 45-54 Jahre | Anzahl | 13 | 12 | 0 | 9 | 2 | 4 | 0 | 4 | 2 | 14 |
| | | Innerhalb $SM% | 39,4% | 54,5% | 0,0% | 50,0% | 50,0% | 30,8% | 0,0% | 40,0% | 66,7% | |
| | 55-64 Jahre | Anzahl | 12 | 11 | 0 | 9 | 2 | 4 | 1 | 4 | 2 | 14 |
| | | Innerhalb $SM% | 36,4% | 50,0% | 0,0% | 50,0% | 50,0% | 30,8% | 14,3% | 40,0% | 66,7% | |
| | 65-74 Jahre | Anzahl | 10 | 9 | 0 | 7 | 2 | 3 | 0 | 4 | 1 | 11 |
| | | Innerhalb $SM% | 30,3% | 40,9% | 0,0% | 38,9% | 50,0% | 23,1% | 0,0% | 40,0% | 33,3% | |
| | >74 Jahre | Anzahl | 6 | 5 | 0 | 5 | 2 | 2 | 0 | 4 | 0 | 7 |
| | | Innerhalb $SM% | 18,2% | 22,7% | 0,0% | 27,8% | 50,0% | 15,4% | 0,0% | 40,0% | 0,0% | |
| | das Alter spielt keine Rolle | Anzahl | 16 | 7 | 2 | 7 | 2 | 9 | 6 | 6 | 1 | 25 |
| | | Innerhalb $SM% | 48,5% | 31,8% | 66,7% | 38,9% | 50,0% | 69,2% | 85,7% | 60,0% | 33,3% | |
| Gesamt | | Anzahl | 33 | 22 | 3 | 18 | 4 | 13 | 7 | 10 | 3 | 44 |

Prozentsätze und Gesamtwerte beruhen auf den Befragten.
a. Dichotomie-Gruppe tabellarisch dargestellt bei Wert 1.

Abbildung 15[99]

---

[99] Eigene Darstellung (SPSS)

**Kreuztabelle Alter der Zielgruppe x soziales Netzwerk**

Die meisten sozialen Netzwerke verwenden Unternehmer, wo das Alter keine Rolle spielt und die, die 25-44-jährigen als Zielgruppe haben. Es ist zu beobachten, dass die Anzahl der gewählten sozialen Netzwerke sukzessive sinkt. Von 15 zwischen 25-44 Jahren auf 14 zwischen 45-54 Jahre, auf 13 (einmal wird hier kein soziales Netzwerk verwendet) zwischen 55-64 Jahren, auf 11 zwischen 65-74 Jahren und zuletzt auf 7 bei der Zielgruppe, die älter als 74 Jahre ist. Da es sich erneut, sogar bei beiden Variablen, um ein mehrfaches Antwortset handelt, kann kein Test auf Signifikanz durchgeführt werden. Es kann daher nicht auf die Grundgesamtheit geschlossen werden und die Ergebnisse sollten nur vorsichtig interpretiert werden.

H3: Es wird kein geschlechtsspezifischer Unterschied hinsichtlich der Zielgruppe bei der Nutzung diverser sozialer Netzwerke vermutet.

**Kreisdiagramm Anzahl von @10.WelchePersonengehörenzulhrerZielgruppe**

@10.WelchePersonengehörenzulhrerZielgruppe
- Das Geschlecht spielt keine Rolle
- Frauen
- Männer

2,27%
4,55%
93,18%

Abbildung 16[100]

---

[100] Eigene Darstellung (SPSS)

**Kreisdiagramm Geschlecht als Zielgruppe**

Für 93,2% der Befragten spielte das Geschlecht keine Rolle, nur ein Befragter hatte Männer als Zielgruppe und nur 2 Unternehmer geben an, Frauen als Zielgruppe zu haben, aus diesem Grund wird davon ausgegangen, dass es keinen geschlechtsspezifischen Unterschied gibt. Dies ist im Einklang mit der aufgestellten Hypothese.

FF4: Welche Auswirkungen hat die Betriebsgröße österreichischer Unternehmen auf die Kommunikation mittels diverser social Media Kanäle?

Die Betriebsgröße hat signifikante Auswirkungen auf die Kommunikation mittels sozialer Netzwerke. Großunternehmer, hinsichtlich der Mitarbeiteranzahl, unterhalten mehr Accounts in den sozialen Netzwerken und posten häufiger als die KMUs. Je mehr Umsatz Unternehmen im Jahr 2019 erwirtschaftet haben, desto mehr Accounts haben sie.

H1: Je größer das Unternehmen, desto mehr Accounts in den sozialen Medien werden unterhalten.

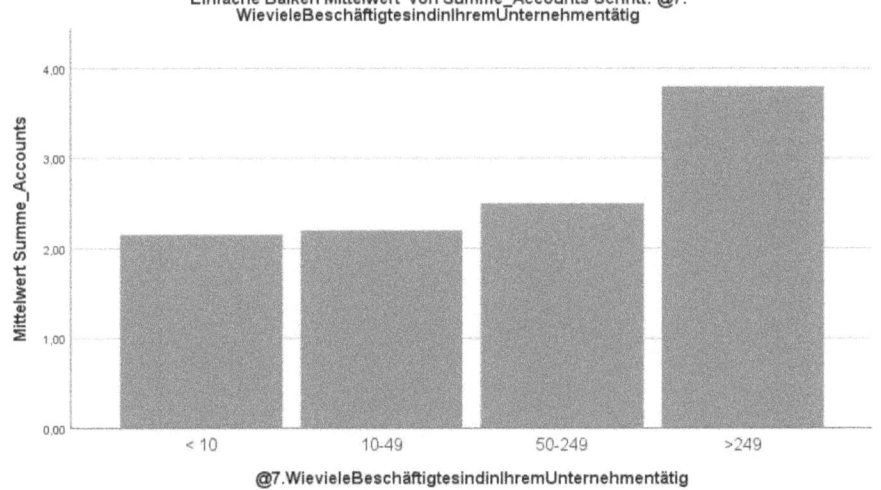

Abbildung 17[101]

**Summe der Accounts nach Beschäftigungsklassen**

---

[101] Eigene Darstellung (SPSS)

**Korrelationen**

| | | | @7.WievieleBeschäftigtesindinIhremUnternehmentätig | Summe_Accounts |
|---|---|---|---|---|
| Spearman-Rho | @7.WievieleBeschäftigtesindinIhremUnternehmentätig | Korrelationskoeffizient | 1,000 | ,545** |
| | | Sig. (2-seitig) | . | ,000 |
| | | N | 44 | 37 |
| | Summe_Accounts | Korrelationskoeffizient | ,545** | 1,000 |
| | | Sig. (2-seitig) | ,000 | . |
| | | N | 37 | 37 |

**. Die Korrelation ist auf dem 0,01 Niveau signifikant (zweiseitig).

Abbildung 18[102]

**Korrelation nach Spearman**

Es gibt einen positiven hoch signifikanten Zusammenhang zwischen der Größe des Unternehmens, hinsichtlich der Mitarbeiteranzahl, und der Anzahl der sozialen Netzwerke. Je größer das Unternehmen, desto mehr Accounts unterhält es. Es wurde die Korrelation nach Spearman gerechnet, da die Größe des Unternehmens eine ordinalskalierte Variable ist ($p<0,001$).

---

[102] Eigene Darstellung (SPSS)

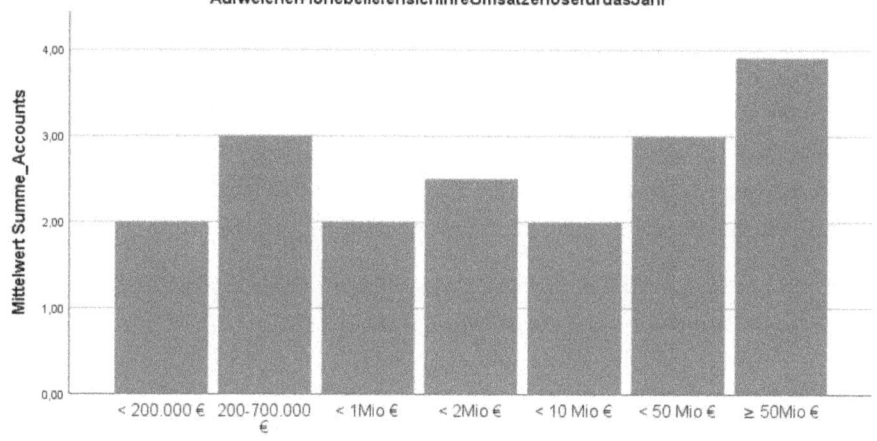

Abbildung 19[103]

**Summer der Accounts nach Umsatzerlösen**

### Korrelationen

|  |  |  | Summe_Ac counts | @6.AufwelcherHöhebeliefensichIhreUmsatzerlösefürdasJahr |
|---|---|---|---|---|
| Spearman-Rho | Summe_Accounts | Korrelationskoeffizient | 1,000 | ,465** |
|  |  | Sig. (2-seitig) | . | ,006 |
|  |  | N | 37 | 33 |
|  | @6.AufwelcherHöhebeliefensichIhreUmsatzerlösefürdasJahr | Korrelationskoeffizient | ,465** | 1,000 |
|  |  | Sig. (2-seitig) | ,006 | . |
|  |  | N | 33 | 41 |

**. Die Korrelation ist auf dem 0,01 Niveau signifikant (zweiseitig).

Abbildung 20[104]

---

[103] Eigene Darstellung (SPSS)
[104] Eigene Darstellung (SPSS)

**Korrelation nach Spearman**

Es gibt einen positiven signifikanten Zusammenhang zwischen der Größe des Unternehmens, hinsichtlich der Umsatzerlöse für das Jahr 2019 und der Anzahl der sozialen Netzwerke. Je größer das Unternehmen, also je mehr Umsatz ein Unternehmen im Jahr 2019 erwirtschaftet hat, desto mehr Accounts unterhält es. Es wurde die Korrelation nach Spearman gerechnet, da die Umsatzerlöse ebenfalls eine ordinalskalierte Variable ist ($p<0,05$).

H2: Große Unternehmen (mit mehr als 250 Beschäftigten) sind in den sozialen Netzwerken aktiver (hinsichtlich der Häufigkeit der Postings) als die KMUs.

Abbildung 21[105]

**Postinghäufigkeit KMU x Großunternehmen**

---

[105] Eigene Darstellung (SPSS)

| Statistik für Test[a] | @17.Wiehä ufigimDurch schnittposte nSieContent auflhrenso | @18.Wiehä ufigpostenSi eBilderoder Videos |
|---|---|---|
| Mann-Whitney-U | 101,000 | 103,000 |
| Wilcoxon-W | 221,000 | 223,000 |
| Z | -2,059 | -1,973 |
| Asymptotische Signifikanz (2-seitig) | ,039 | ,048 |

a. Gruppenvariable: KMU_Großunternehmen

Abbildung 22[106]

**Mann- Whitney- U Test**

Für die zwei Fragen 17 (Content generell) und 18 (visueller Content) wurde jeweils ein U Test gerechnet, um zu prüfen, ob Großunternehmer sich in der Häufigkeit des Postens von den KMUs unterscheiden. Die Ergebnisse zeigten, dass KMUs signifikant seltener posten. Im Vergleich zu Großunternehmen ($p<0,05$). Die Größe des Unternehmens spielt eine Rolle bei der Häufigkeit des Postens.

FF 5: Welche Unterschiede lassen sich zwischen der Nutzung diverser social media Kanäle österreichischer Unternehmen und dem Alter des Unternehmens feststellen?

Es scheint keine Unterschiede zwischen der Nutzung diverser social media Kanäle und dem Alter des Unternehmens zu geben.

H1: Der Nutzungsgrad der Social Media ist bei jüngeren Unternehmen höher als älteren.

---

[106] Eigene Darstellung (SPSS)

## Korrelationen

| | | | @2. BittegebenSie anwannihrUnternehmengegründetwurde | @17. WiehäufigimDurchschnittpostenSieContentaufIhrenso | @18. WiehäufigpostenSieBilderoderVideos | Summe_Accounts |
|---|---|---|---|---|---|---|
| Spearman-Rho | @2. BittegebenSieanwannihrUnternehmengegründetwurde | Korrelationskoeffizient | 1,000 | ,099 | ,138 | -,217 |
| | | Sig. (2-seitig) | . | ,572 | ,428 | ,211 |
| | | N | 42 | 35 | 35 | 35 |
| | @17. WiehäufigimDurchschnittpostenSieContentaufIhrenso | Korrelationskoeffizient | ,099 | 1,000 | ,836** | -,718** |
| | | Sig. (2-seitig) | ,572 | . | ,000 | ,000 |
| | | N | 35 | 37 | 37 | 37 |
| | @18. WiehäufigpostenSieBilderoderVideos | Korrelationskoeffizient | ,138 | ,836** | 1,000 | -,625** |
| | | Sig. (2-seitig) | ,428 | ,000 | . | ,000 |
| | | N | 35 | 37 | 37 | 37 |
| | Summe_Accounts | Korrelationskoeffizient | -,217 | -,718** | -,625** | 1,000 |
| | | Sig. (2-seitig) | ,211 | ,000 | ,000 | . |
| | | N | 35 | 37 | 37 | 37 |

**. Die Korrelation ist auf dem 0,01 Niveau signifikant (zweiseitig).

Abbildung 23[107]

---

[107] Eigene Darstellung (SPSS)

**Korrelation nach Spearman**

Es gab keine signifikanten Zusammenhänge zwischen dem Alter des Unternehmens und dem Nutzungsgrad, gemessen in der Häufigkeit des Postens eines Contents, sowie eines visuellen Contents, der social media Plattformen (p>0,05).

H2: Je jünger ein Unternehmen, desto stärker wird der Fokus auf visuelle Kommunikation gelegt.

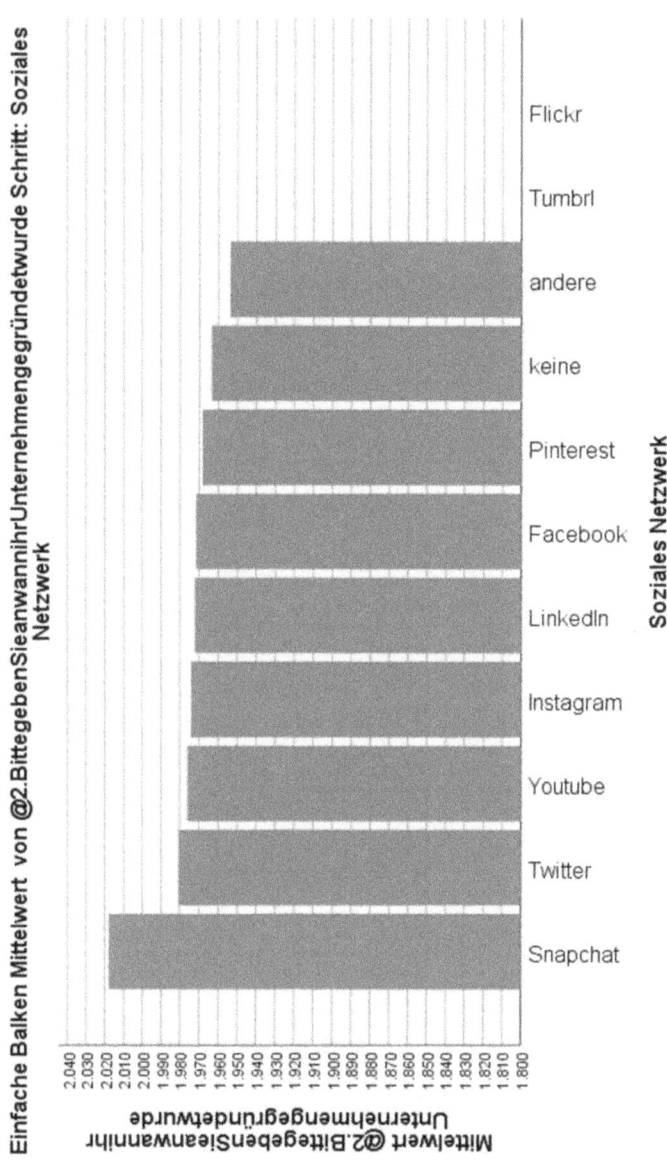

Abbildung 24[108]

**Balkendiagramm soziale Netzwerke x Alter eines Unternehmens**

---

[108] Eigene Darstellung (SPSS)

Es gibt keinen Hinweis dafür, dass jüngere Unternehmen den Fokus stärker auf visuelle Kommunikation legen. Es fällt jedoch auf, dass die Plattform Snapchat vor allem von jungen Unternehmen genutzt wird.

FF6: Wie bewerten österreichische Unternehmer die Kommunikation mittels Bilder im Vergleich zum Text?

Österreichischen Unternehmer bewerten die visuelle Kommunikation als wichtig und sind auch der Meinung, dass das Visuelle knapp wichtiger als der Informationsgehalt ist.

H1: Die Unternehmer bewerten die Kommunikation mittels Bilder als wichtiger als die Kommunikation mittels Text.

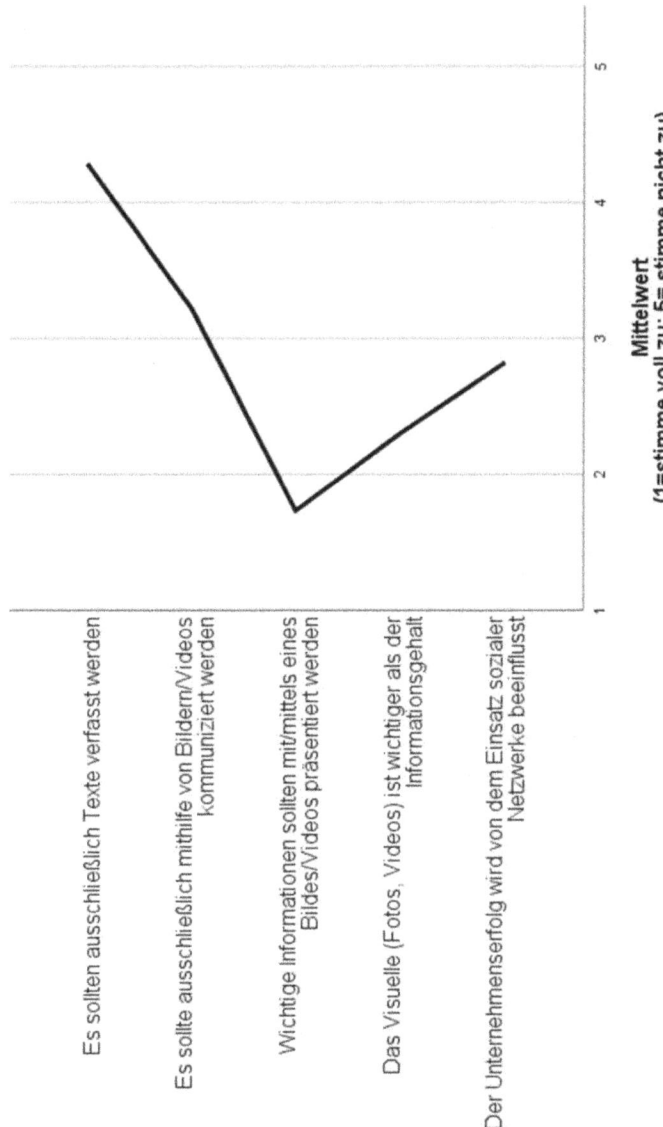

Abbildung 25[109]

**Liniendiagramm Aussagenzustimmung der Unternehmer**

---

[109] Eigene Darstellung (SPSS)

**Häufigkeiten**

| | | N |
|---|---|---|
| EssollteausschließlichmithilfevonBildernVideoskommunizie - EssolltenausschließlichTexteverfasstwerden | Negative Differenzen[a,d,g] | 24 |
| | Positive Differenzen[b,e,h] | 1 |
| | Bindungen[c,f,i] | 12 |
| | Gesamt | 37 |
| WichtigeInformationensolltenmitmittelseinesBildesVideos - EssolltenausschließlichTexteverfasstwerden | Negative Differenzen[a,d,g] | 34 |
| | Positive Differenzen[b,e,h] | 0 |
| | Bindungen[c,f,i] | 3 |
| | Gesamt | 37 |
| DasVisuelleFotosVideos..istwichtigeralsderInformation - EssolltenausschließlichTexteverfasstwerden | Negative Differenzen[a,d,g] | 31 |
| | Positive Differenzen[b,e,h] | 2 |
| | Bindungen[c,f,i] | 4 |
| | Gesamt | 37 |

a. EssollteausschließlichmithilfevonBildernVideoskommunizie < EssolltenausschließlichTexteverfasstwerden

b. EssollteausschließlichmithilfevonBildernVideoskommunizie > EssolltenausschließlichTexteverfasstwerden

c. EssollteausschließlichmithilfevonBildernVideoskommunizie = EssolltenausschließlichTexteverfasstwerden

d. WichtigeInformationensolltenmitmittelseinesBildesVideos < EssolltenausschließlichTexteverfasstwerden

e. WichtigeInformationensolltenmitmittelseinesBildesVideos > EssolltenausschließlichTexteverfasstwerden

f. WichtigeInformationensolltenmitmittelseinesBildesVideos = EssolltenausschließlichTexteverfasstwerden

g. DasVisuelleFotosVideos..istwichtigeralsderInformation < EssolltenausschließlichTexteverfasstwerden

h. DasVisuelleFotosVideos..istwichtigeralsderInformation > EssolltenausschließlichTexteverfasstwerden

i. DasVisuelleFotosVideos..istwichtigeralsderInformation = EssolltenausschließlichTexteverfasstwerden

**Statistik für Test[a]**

|  | Essollteausschließlichmithilfe vonBildernVideoskommunizie - Essolltenausschließlich Textev erfasst werden | WichtigeInformationensollten mitmittelseines BildesVideos - Essolltenausschließlich Textev erfasst werden | DasVisuelleFotosVideos..istwichtigeralsderInformation - Essolltenausschließlich Textev erfasst werden |
|---|---|---|---|
| Exakte Signifikanz (2-seitig) | ,000[b] | | |
| Z | | -5,659 | -4,874 |
| Asymptotische Signifikanz (2-seitig) | | ,000 | ,000 |

a. Vorzeichentest
b. Verwendetete Binomialverteilung

Abbildung 26[110]

**Vorzeichentest**

Es wurden Fragen zu der Verwendung von Bild/Video verglichen mit der Frage zum Text. Es wurde der Vorzeichentest verwendet, da jede Person alle Fragen beantwortet hat und es sich dadurch um abhängige Stichproben handelt. Die Tests ergaben, dass visuelle Kommunikation als hoch signifikant wichtiger als die Kommunikation mittels Text von den österreichischen Unternehmern eingeschätzt wurde (p<0,001).

## 6. Zusammenfassung und Diskussion der Ergebnisse

Die vorliegende empirische Arbeit verwendete die quantitative Erhebung mittels einer Online Befragung. Die Grundgesamtheit entspricht etwa einem Drittel der österreichischen Unternehmen (190.886/ 643.081). Für die Grundgesamtheit wurden Unternehmen aus drei Branchen (nach ÖNANCE 2008) gewählt: G-Handel; Instandhaltung und Reparatur von Kraftfahrzeugen; I-Beherbergung und Gastronomie und K- Erbringung von Finanz- und Versicherungsdienstleistungen. Die Unternehmen wurden per Email gebeten an der Umfrage teilzunehmen, in dem Zeitraum von 16.06.2020 bis 17.07.2020. Die tatsächliche Stichprobe entspricht 873 Unternehmen, 44 Unternehmen haben die Umfrage bis zum Schluss beantwortet,

---

[110] Eigene Darstellung (SPSS)

das entspricht einem Stichprobenfehler von +/- 15%, bei einem Konfidenzniveau von 95%. Die Rücklaufquote beträgt 5%.

Die Struktur der Stichprobe ist breit gefächert, die Branchenverteilung der Stichprobe entspricht annähernd der Verteilung in der Grundgesamtheit aber gemäß der Verteilung an KMUs und Großunternehmen, handelt es sich um **keine repräsentative Stichprobe**. Daher kann es nicht auf die Grundgesamtheit geschlossen werden.

Die Daten wurden mithilfe von SPSS statistisch ausgewertet. Die Auswahl dieser Tests richtete sich vor allem nach den Skalenniveaus der Variablen. Da manche Fragen eine Mehrfachbeantwortung zugelassen haben, konnten keine Tests auf Signifikanzprüfung durchgeführt werden und die Fragen wurden anhand von Diagrammen und Kreuztabellen beantwortet.

### 6.1 Zusammenfassung der Ergebnisse

Ziel dieser empirischen Forschungsarbeit war, zu untersuchen, welche sozialen Netzwerke die österreichischen Unternehmer nutzen. Wie sie diese nutzen und wie die Nutzung von den Faktoren: Branche, Zielgruppe- hinsichtlich des Alters und Geschlechts, Betriebsgröße- hinsichtlich der Mitarbeiteranzahl und der Umsatzerlöse, sowie dem Alter des Unternehmens beeinflusst werden, wobei der Schwerpunkt dieser Arbeit auf der visuellen Kommunikation lag. Ebenfalls wurde untersucht wie die österreichischen Unternehmen die Kommunikation mittels Bilder im Vergleich zum Text bewerten.

In Anlehnung an die DMVÖ Studie aus dem Jahr 2019 und an die Antworx Studie aus dem Jahr 2020[111] bestätigt folgende Studie, dass **Facebook und Instagram die beliebtesten sozialen Netzwerke** bei den österreichischen Unternehmern sind. 75% der befragten Unternehmen nutzen Facebook, gefolgt von visuellen Netzwerken Instagram mit 50% und auf Platz 3 befindet sich die Plattform Youtube. Die visuelle Plattformen Tumbrl und Flickr werden von den befragten Unternehmen gar nicht genutzt. Pinterest und Snapchat werden lediglich von 6,8% genutzt. 15,9% der befragten Unternehmer gibt an keine sozialen Netzwerke zu nutzen. 86,5% gibt an, die sozialen Netzwerke für Ihre PR zu nutzen und nur 16,2% beschäftigt ein Subunternehmen für ihre PR Aktivitäten.

---

[111] Vgl. Ebner, 2019 & Antworx, 2020

Gemäß der Statistik Austria ist die Nutzung der sozialen Medien sehr Branchenspezifisch.[112] Auch in der vorliegenden Studie gibt es deutliche **branchenspezifische Unterschiede**. Handel ist die einzige Branche, die Pinterest verwendet und bei allen Netzwerken vertreten ist, ausgenommen Tumbrl und Flickr. Die beliebtesten Netzwerke im Handel sind Facebook, Instagram und Youtube. Die Finanz- und Versicherungsdienstleistungsbranche hat die schwächste Nutzung sozialer Netzwerke und der Fokus liegt eher bei den textbasierten Plattformen. Die Beherbergung und Gastronomie hat gemeinsam mit Instandhaltung und Reparatur von Kraftfahrzeugen die stärkste Nutzung sozialer Netzwerke. Zu den beliebtesten Plattformen der Beherbergung und Gastronomie gehören Facebook und Instagram und bei Instagram übernimmt diese Branche sogar die Führung. Zu den beliebtesten Plattformen der Branche Instandhaltung und Reparatur von Kraftfahrzeugen gehört Facebook und Youtube. Die Plattform Facebook wird von 100% der befragten Unternehmer aus der KFZ Branche und der Gastronomie genutzt. 20,8% der befragten Unternehmer andere Plattformen als angegeben.

Die Finanzbranche bedient sich den **visuellen sozialen Netzwerken** am geringsten. Die Gastronomie liegt deutlich in der Führung hinsichtlich der Nutzung von Instagram und Snapchat. Die Gastronomen bedienen sich innerhalb der diversen Branchen am stärksten den visuellen sozialen Netzwerken.

In Anlehnung an eine Befragung der WKO, dass 73% der Unternehmen regelmäßig Content auf ihren sozialen Netzwerken postet,[113] posten auch gemäß dieser Studie 72,9% der Unternehmer regelmäßig (mindestens wöchentlich) Content und 64,8% visuellen Content auf ihren sozialen Netzwerken. Die **Nutzungsintensität** der österreichischen Unternehmen im Handel ergibt keinen signifikanten Unterschied zu den restlichen Branchen. In dieser Branche wird niemals täglich, gar mehrmals täglich, aber 78, 57% der Unternehmer postet regelmäßig, mindestens wöchentlich, auf ihren sozialen Netzwerken, eine Regelmäßigkeit ist in 100% der Fälle gegeben. Die Finanz- und Versicherungsbranche postet weniger häufig als der Handel, jedoch ist dieser Unterschied nicht signifikant. Es ist auch keine Regelmäßigkeit vorhanden.

Nur die Hälfte der Unternehmen gibt an, eine definierte **Zielgruppe** zu haben, daher wurden nur geringfügige Auswirkungen auf die Nutzung sozialer Netzwerke hinsichtlich des Alters der Zielgruppe festgestellt. Trotz diversen Studien und Statistiken, die Unterschiede bei der privaten Nutzung sozialer Netzwerke hinsichtlich des Alters präsentieren, scheint das Alter der

---

[112] Vgl. Statistik Austria, 2019
[113] Vgl. WKO, 2011

Zielgruppe in der Unternehmenskommunikation kaum eine Rolle zu spielen. Überraschend ist jedoch, dass Facebook, bei der Zielgruppe der 0-12-jährigen, als die einzige Plattform angewandt wird. Die meisten sozialen Netzwerke werden von Unternehmen verwendet, wo das Alter der Zielgruppe keine Rolle spielt und bei denjenigen, die die 25-44-jährigen als Zielgruppe haben. Es wurde beobachtet, dass die Anzahl der gewählten sozialen Netzwerke, mit dem vorschreitenden Alter, sukzessive sinkt. Die stärkste Nutzung der visuellen sozialen Netzwerke liegt bei der Zielgruppe der 17-24-jährigen. Snapchat wird beispielsweise nur in dieser Kategorie verwendet und dort, wo das Alter keine Rolle spielt. 93,2% der Befragten gibt an, dass das Geschlecht keine Rolle im Unternehmen spielt, daher wird davon ausgegangen, dass dies keine Auswirkungen auf die Nutzung sozialer Netzwerke hat. Dies bestätigen auch die Studien und Statistiken, die zeigen, dass das Geschlecht auf die private Nutzung sozialer Netzwerke keine Auswirkungen hat.

Statistik Austria berichtet, dass je mehr Mitarbeiter es in einem Unternehmen gibt, desto stärker ist die Nutzung sozialer Medien.[114] Die Ergebnisse vorliegender Studie bestätigen, dass die **Betriebsgröße** signifikante Auswirkungen auf die Kommunikation mittels sozialer Netzwerke hat. Großunternehmer, hinsichtlich der Mitarbeiteranzahl, unterhalten mehr Accounts in den sozialen Netzwerken, die Korrelation ist hoch signifikant und diese posten auch signifikant häufiger als die KMUs. Je mehr Umsatz Unternehmen im Jahr 2019 erwirtschaftet haben, desto mehr Accounts unterhalten sie, es gibt eine positive signifikante Korrelation. Die Gründe dafür könnten die Studien Digitale Kompetenzen in österreichischen KMUs liefern, welche zeigen, dass kleine Unternehmen eher digitalisierungskritisch sind und nicht über dasselbe Humankapital und Ressourcen im Generellen verfügen, wie Großunternehmen. Die Studie besagt, dass vor allem die Gastronomie und Versicherungsbranche der Digitalisierung besonders kritisch gegenübersteht.[115] Die vorliegende Studie zeigt jedoch, dass die Finanz- und Versicherungsdienstleistungsbranche den sozialen Netzwerken eher skeptisch gegenübersteht, die Beherbergung und Gastronomie jedoch ist zu 100% „dabei".

Wie bereits erwähnt, wurden im Rahmen der Literaturrecherche altersbedingte Unterschiede hinsichtlich der privaten Nutzung der sozialen Netzwerke festgestellt. Dennoch lassen sich diese Unterschiede nicht auf das **Alter des Unternehmens** anwenden, denn es scheint keine signifikanten Zusammenhänge zwischen der Nutzung diverser social media Kanäle und dem

---

[114] Vgl. Statistik Austria, 2019
[115] Vgl. Gangl/ Sonntag, 2020

Alter des Unternehmens zu geben. Es fällt jedoch auf, dass die Plattform Snapchat vor allem von jungen Unternehmen genutzt wird.

Die Studie von dem European Communication Monitor, besagt, dass die **visuelle Kommunikation** bei den europäischen Unternehmen an Bedeutung zugelegt hat.[116] Es ist jedoch unklar mit welchen Daten dies verglichen wurde. Die vorliegende Studie besagt, dass die Österreichischen Unternehmer die visuelle Kommunikation als wichtig bewerten und sind auch der Meinung, dass das Visuelle knapp wichtiger als der Informationsgehalt ist. Die visuelle Kommunikation wurde als hoch signifikant wichtiger als die Kommunikation mittels Text eingeschätzt. Zu dem geben 37,8% der Unternehmer an, die Storyfunktion zu nutzen.

Die Ergebnisse sind jedoch mit Vorsicht zu genießen, denn es handelt sich um keine repräsentative Stichprobe und es können somit keine Verallgemeinerungen getroffen werden.

## 6.2 Diskussion

Da im Rahmen dieser Seminararbeit keine repräsentative Stichprobe erreicht wurde, würde der Autor vorschlagen, die Studie zu wiederholen, um eine hohe Reliabilität (Zuverlässigkeit) und eine repräsentative Stichprobe zu erreichen. Ebenfalls wurde der Autor vorschlagen, Mehrfachantworten zu vermeiden, um Test auf die Signifikanzprüfung durchführen zu können.

Mithilfe einer qualitativen Studie könnten auch die Fragen beantwortet werden, wieso es signifikante Branchenunterschiede bei der Nutzung sozialer Netzwerke gibt. Wieso beispielsweise Tumbrl und Flickr gar nicht von den Unternehmern verwendet wird. Oder welche anderen sozialen Netzwerke die österreichischen Unternehmer noch nutzen, abgesehen von den angeführten, wie beispielsweise TikTok. Ebenfalls wäre es interessant zu erfahren, wieso die Hälfte der Unternehmen keine definierte Zielgruppe hat und was dem zugrunde liegt. Auch wenn von Beginn der Studie die Annahme vorhanden war, dass der Finanzsektor, aufgrund der Präsentation der immateriellen Güter, sich nicht so stark der Verwendung sozialer Netzwerke und vor allem visuellen Kommunikation bedient, könnten im Rahmen einer Studie die Gründe untersucht werden.

---

[116] Vgl. Zerfass et al., 2017

## Literaturverzeichnis

Abbott, W./ Donaghey, J./ Hare, J./ Hopkins, P. (2013): An Instagram is Worth a Thousand Words: An Industry Panel and Audience Q&A. Library Hi Tech News, 30(7).

Adlmaier-Herbst, Georg (2018): Starke Erlebnisse durch Bilderwelten. In: Ternès A., Englert M. (eds) Digitale Unternehmensführung. Wiesbaden: Springer Gabler.

Alke, Eva Caris (2013): Visuelle Kommunikation emotionaler Inhalte: Medienbilder als Instrument sozialer Bewegungen. Grin.

Amersdorffer, D./ Bauhuber, F./ Egger, R./ Oellrich, J. (2010): Social Web im Tourismus. Springer Berlin Heidelberg. In: Hinterholzer, T., & Jooss, M. (2013). Social media marketing und-management im tourismus. Heidelberg: Springer Berlin.

Allgäuer, J. E./ Larisch, M. (2014): Trends und Perspektiven in der Unternehmenskommunikation. Controlling & Management Review (2).

Al-Kandari, A. A./ Gaither, T. K./ Alfahad, M. M./ Dashti, A. A./ Alsaber, A. R. (2019): An Arab perspective on social media: How banks in Kuwait use Instagram for public relations. Public Relations Review, 45(3), 101774.

Anagnostopoulos, C./ Parganas, P./ Chadwick, S./ Fenton, A. (2018): Branding in pictures: using Instagram as a brand management tool in professional team sport organisations. European Sport Management Quarterly, 18(4).

Antworx (2019): SOCIAL MEDIA IN ÖSTERREICH 2018 & TRENDS 2019, unter: https://www.artworx.at/social-media-in-oesterreich-2018-trends-2019/ (abgerufen am 13.3.2020).

Antworx (2020): Social Media in Österreich, unter: https://www.artworx.at/social-media-in-oesterreich-2020/ (abgerufen am: 14.4.2020).

APA (2020): Digitale PR: „Wir alle sitzen in einem großen Labor", unter: https://www.ots.at/presseaussendung/OTS_20200226_OTS0161/digitale-pr-wir-alle-sitzen-in-einem-grossen-labor-bild (abgerufen am 13.3.2020).

Arenstein, Seth (2016): Tips from PR Pros to Help You Strengthen Your Instagram and Instagram Stories Efforts, unter: https://www.prnewsonline.com/tips-pr-pros-help-strengthen-instagram-instagram-stories-efforts/ (abgerufen am: 13.6.2020).

Atzmüller, F. (2019): Social Media Nutzung der Österreichischen Nationalratsabgeordneten, unter: https://www.idb.edu/wp-content/uploads/2020/03/SOCIAL-MEDIA-NUTZUNG-DER-%C3%96STERREICHISCHEN-NATIONALRATSABGEORDNETEN.pdf (abgerufen am: 28.4.2020).

Barker, R. T./ Gower, K. (2010): Strategic application of storytelling in organizations: Toward effective communication in a diverse world. Journal of Business Communication, 47(3).

Behler, Jens/ Grimmer, Christoph (2017): Social Media-Agenda Setting – Einsatz Sozialer Medien in der Öffentlichkeitsarbeit des DOSB. In: Grimmer C. (eds) Der Einsatz Sozialer Medien im Sport. Wiesbaden: Springer VS.

Bergström, Thamwika/ Bäckman, Lisa (2013): Marketing and PR in Social Media: How the utilization of Instagram builds and maintains customer relationships, unter: http://www.diva-portal.org/smash/get/diva2:625012/FULLTEXT01.pdf (abgerufen am 13.3.2020).

Bernet, Marcel (2010): Social Media in der Medienarbeit. Online-PR im Zeitalter von Google, Facebook und Co. Wiesbaden: Springer.

BOGNER, Franz M. (2005): Das neue PR-Denken: Strategien, Konzepte, Aktivitäten. Wien: Redline Wirtschaft.

Brubaker, P. J./ Wilson, C. (2018): Let's give them something to talk about: Global brands' use of visual content to drive engagement and build relationships. Public relations review, 44(3).

Bruhn M. (2014): Einsatz von Social Media im Rahmen der Dialogkommunikation. In: Bruhn M., Esch FR., Langner T. (eds) Handbuch Instrumente der Kommunikation. Springer Nachschlage Wissen. Wiesbaden: Springer Gabler.

Bruhn, M. (2019): Marketing: Grundlagen für Studium und Praxis. Wiesbaden: Springer.

Bundesministerium für Digitalisierung und Wirtschaftsstandort (2017): KMU in Österreich, unter: https://www.bmdw.gv.at/Services/Zahlen-Daten-Fakten/KMU-FactsandFeatures.html (abgerufen am 20.07.2020).

Bodensteiner, Katharina (2018): Luxusmarkenkommunikation, unter: http://othes.univie.ac.at/53625/1/56521.pdf (abgerufen am 12.3.2020).

Campillo-Lundbeck, Santiago (2018): Facebook und die unterschätzte Story hinter der Story, unter: https://www.horizont.net/marketing/kommentare/social-media-marketing-facebook-und-die-unterschaetzte-story-hinter-der-story-170764 (abgerufen am 12.3.2020).

Charest, F./ Bouffard, J./ Zajmovic, E. (2016): Public relations and social media: Deliberate or creative strategic planning. Public Relations Review, 42(4).

Clement, J. (2019): Number of monthly active Instagram users 2013-2018, unter: https://www.statista.com/statistics/253577/number-of-monthly-active-instagram-users/ (abgerufen am 21.4.2020).

COLLISTER, Simon/ ROBERTS-BOWMAN, Sarah (Hg.) (2018): Visual public relations: Strategic communication beyond text. London: Routledge.

Conner, C. (2016): The new era of media: Visual public relations. Forbes. Retrieved July 25, 2018, from https://www.forbes.com/sites/cherylsnappconner/2016/10/28/the-new-era-of-media-visual-public-relations/#15b6586b5427 (abgerufen am: 06.06.2020).

Der erste Arbeitskreis Social Media B2B. (2019): Social Media in der B2B Kommunikation - wie verändert sich die Nutzung der Kanäle?, unter: https://oesterreich.ahk.de/newsroom/news/news-detailansicht/die-ergebnisse-der-social-media-studie-2019-sind-online (abgerufen am: 22.06.2020).

Deutenhauser, Tina (2000): Prävention attraktiv gestalten — Öffentlichkeitsarbeit in der Suchtvorbeugung. In: Suchtvorbeugung in Österreich. Wien: Springer.

Deutsche Stiftung Weltbevölkerung (2019): Weltbevölkerung zum Jahreswechsel 2019/2020: Mit 7.754.847.000 Menschen in die neue Dekade, unter: https://www.dsw.org/weltbevoelkerung-jahreswechsel/ (abgerufen am 18.06.2020).

Dominick, J. R. (2013): The dynamics of mass communication. Media in transition (12. Aufl.).New York: McGraw-Hill.

Ebner, Ch. (2019): Das sind Österreichs Social-Media-Trends 2020, unter: https://www.internetworld.at/social-media/oesterreichs-social-media-trends-2020-2353975.html (abgerufen am 13.04.2020).

Endres, H. (2013): Sheddz a Clothing Brand: Creating a Marketing Plan through Social Media and Traditional Marketing Research. Faculty of the Journalism Department, California Polytechnic State University San Luis Obispo. In: Ting, H., Ming, W. W. P., de Run, E. C., & Choo, S. L. Y. (2015). Beliefs about the use of Instagram: An exploratory study. International Journal of business and innovation, 2(2).

Fröhlich, R. (2015): Zur Problematik der PR-Definition(en). In R. Fröhlich, P. Szyszka, G. Ebersbach, A., Glaser, M., & Heigl, R. (2016). Social Web (3. Aufl.). Konstanz/München: UVK.

Fröhlich, R./ Szyszka, P./ Bentele, G. (2015): Wissenschaftliche Grundlagen und berufliches Handeln. In: Handbuch der Public Relations. Mit Lexikon. 3., überarbeitete und erweiterte Auflage. Wiesbaden: Springer Fachmedien.

Fatanti, M. N./ Suyadnya, I. W. (2015): Beyond user gaze: How Instagram creates tourism destination brand?. Procedia-Social and Behavioral Sciences, 211.

Feyrer, Cornelia (2019): Emotional Selling – Emotional Telling: Visuelles Storytelling und Emotionalisierung in der Pharmawerbung. In: Heinemann S. (eds) Werbegeschichte(n). Europäische Kulturen in der Wirtschaftskommunikation, Vol 32. Wiesbaden: Springer VS.

Gangl, K., Sonntag, A. (2020): Digitale Kompetenzen in österreichischen KMUs, unter: https://www.bmdw.gv.at/Services/Publikationen/Studie-Digitale-Kompetenzen-in-%C3%B6sterreichischen-

KMUs.html#:~:text=Digitale%20Kompetenzen%20in%20%C3%B6sterreichischen%20KMUs,weit%20sie%20notwendig%20erachtet%20werden (abgerufen am: 5.6.2020).

Gerstenberg F./ Gerstenberg C. (2017): Erfolgreiche Online-PR im Social Web. In: Quick Guide Social Relations. Wiesbaden: Springer Gabler.

Gruppe, Stephanie (2011): Online-PR. In: Public Relations. Berlin, Heidelberg: Springer.

Hauer, Julia (2016): Nation Branding – Die Darstellung der Marke „Österreich" auf Facebook Wie die Österreich Werbung ein Bild des Landes entwirft, unter: http://othes.univie.ac.at/41354/1/2016-02-27_0806963.pdf (abgerufen am 12.3.2020).

Händler, N. (2018): Facebook, Instagram und Co.?"" Ja, natürlich!, unter: https://othes.univie.ac.at/55884/ (abgerufen am 22.04.2020).

Hoffjann, Olaf/ Seidenglanz, René (2018): Allmächtige PR, ohnmächtige PR. Die doppelte Vertrauenskrise der PR. Wiesbaden: Springer VS.

Huck-Sandhu, S. (2014): Corporate messages entwickeln und steuern: Agenda setting, framing, storytelling. In Handbuch Unternehmenskommunikation. Gabler Verlag, Wiesbaden. Instagram Business, unter: https://business.instagram.com/ (abgerufen am: 17.06.2020).

Ionos. (2019): Online: Soziale Netzwerke: Die wichtigsten Social-Media-Plattformen im Überblick, unter: https://www.ionos.at/digitalguide/online-marketing/social-media/die-wichtigsten-social-media-plattformen/ (abgerufen am: 9.7.2020).

Jakus, D. (2018): Visual communication in public relations campaigns. Marketing of Scientific and Research Organizations, 27(1).

Kim, C./ Yang, S. U. (2017): Like, comment, and share on Facebook: How each behavior differs from the other. Public Relations Review, 43(2).

Kirf, Bodo et al. (2018): Unternehmenskommunikation im Zeitalter der digitalen Transformation. Wie Unternehmen interne und externe Stakeholder heute und in Zukunft erreichen. Wiesbaden: Springer.

Klicksafe (2020): Was ist YouTube?, unter: https://www.klicksafe.de/themen/kommunizieren/youtube/was-ist-youtube/ (abgerufen am 11.07.2020).

Kobilke, Kristina (2015): Erfolgreich mit Instagram: Mehr Aufmerksamkeit mit Fotos & Videos. Mitp Verlags GmbH und CO.

Kovarova-Simecek, M./ Aubram, T./ Milgotin, E. (2019): Onlinekommunikation in Investor Relations – Eine Analyse der IR-Websites österreichischer börsenotierter Unternehmen. In: Nadig, L., (2019). CARF Luzern 2019. Verlag IFZ – Hochschule Luzern.

Kraus, S./ Hatak, I. (2013): Social Media Marketing: Nutzungsgründe, Barrieren und Controlling. In: KMU Magazin. 10771/ 2014.

Kreutzer, R. T. (2012): Corporate Reputation Management in den sozialen Medien. In C. Wüst, R. T. Kreutzer (Hrsg.), Corporate Reputation Management. Wirksame Strategien für den Unternehmenserfolg (251-281). Wiesbaden: Springer Fachmedien.

Kuşay, Y. (2019): Digital Storytelling as a Part of Participatory Culture in Communication and Public Relation Practices. In Handbook of Research on Transmedia Storytelling and Narrative Strategies. IGI Global.

Kühl, Eike/ Beuth, Patrick (2019): Du bist aber groß geworden!, unter: https://www.zeit.de/digital/internet/2014-03/www-25-jahre-geschichte-meilensteine (abgerufen am 13.3.2020).

Leskovec, J./ Adamic, L.A./ Huberman, B.A. (2007): The dynamics of viral marketing. ACM Transactions on the Web 1(1).

Liebhart, Karin/ Bernhardt, Petra (2017): Political Storytelling on Instagram: Key Aspects of Alexander Van der Bellen's Successful 2016 Presidential Election Campaign. Visual Communication in the Age of Social Media: Conceptual, Theoretical and Methodological Challenges. Volume 5, No 4/ 2017.

Lobinger, Katharina (2012): Visuelle Kommunikationsforschung. Medienbilder als Herausforderung für die Kommunikations- und Medienwissenschaft. Wiesbaden: Springer VS.

Lobinger, Katharina (2019): Handbuch Visuelle Kommunikationsforschung. Wiesbaden: Springer VS.

Łukowski, W. (2017): The impact of the Internet of Things on value added to Marketing 4.0. Marketing of Scientific and Research Organizations, 26(4).

Mancuso, J./ Stuth, K. (2015): A portrait of modern media. Marketing Insights,(May/June), 16-17.

MarkOp (2019): SINN UND UNSINN VON SNAPCHAT UND INSTAGRAM FÜR UNTERNEHMEN, unter: https://www.markop.de/blog/sinn-und-unsinn-von-snapchat-und-instagram-fuer-unternehmen (abgerufen am 11.07.2020).

Mast, C. (2016): Unternehmenskommunikation. Ein Leitfaden mit einem Beitrag von Simone Huck-Sandhu. 6., überarbeitete und erweiterte Auflage. Konstanz und München: UVK Verlagsgesellschaft.

Men, L. R./ Tsai, W. H. S. (2012): How companies cultivate relationships with publics on social network sites: Evidence from China and the United States. Public Relations Review, 38(5).

Moorkens, Ingrid/ Wägenbaur, Thomas (2007): Die Bedeutung von PR-Bildern in den Medien. Case Study zu den transportierten Bilderwelten der 15 umsatzstärksten Dax-Konzerne – Eine explorative Gemeinschaftsstudie: qualitative Befragung und empirische Inhaltsanalyse. Medienanalyse: Methoden, Ergebnisse, Grenzen. Baden: Nomos.

Osman, Maddy (2019): 20+ Faszinierende Instagram Statistiken und Fakten, unter: https://kinsta.com/de/blog/instagram-statistiken/ (abgerufen am: 22.3.2020).

Queitsch, Philipp (o.J.): Instagram Story – Möglichkeiten, Funktionen & Sticker – Der ultimative Guide, Unter: https://www.effektiv.com/instagram-story-guide-5161.html. (abgerufen am 11.07.2020).

Quesenberry, K. A. (2016): Shifting influences and the decline of push marketing. In Social Media Strategy: Marketing and Advertising in the Consumer Revolution. Lanham, Maryland: Rowman & Littlefield.

Page, R. (2012): The linguistics of self-branding and micro-celebrity in Twitter: The role of hashtags. Discourse & Communication, 6(2).

Pinwinkler M./ Egger, R./ Jooss, M. (2010): eTourismus Monitor 2010. Forschungsbericht der Forschungsgesellschaft der FH Salzburg, Eigenverlag, Puch/Urstein in Hinterholzer, T., & Jooss, M. (2013). Social media marketing und-management im tourismus. Heidelberg: Springer Berlin.

Platzer, Torben (2019): Warum erkennen Gründer nicht die Chance von Social Media?, Unter: https://www.faz.net/aktuell/wirtschaft/digitec/warum-erkennen-gruender-nicht-die-chance-von-social-media-16492797.html (abgerufen am 13.3.2020).

Poleshova, A. (2020): Statistiken zu Instagram. Unter: https://de.statista.com/themen/2506/instagram/ (abgerufen am: 22.3.2020).

Poleshova, A. b (2020): Anzahl der Instagram-Nutzer nach Altersgruppen und Geschlecht weltweit im Januar 2020, unter: https://de.statista.com/statistik/daten/studie/809703/umfrage/instagram-nutzer-nach-alter-und-geschlecht-weltweit/. (abgerufen am: 14.4.2020).

Rennhak, Carsten/ Schmidt, Carina (2020): Public Realtions klipp & klar. Wiesbaden: Springer.

Roncha, Ana/ Radclyffe-Thomas, Natascha (2016): How TOMS' "one day without shoes" campaign brings stakeholders together and co-creates value for the brand using Instagram as a platform. Journal of Fashion Marketing and Management, Volume 20, No 3.

Roth, P. (2018): Offizielle Nutzerzahlen: Instagram in Deutschland und Weltweit , unter: https://allfacebook.de/instagram/instagram-nutzer-deutschland (abgerufen am: 22.3.2020).

Russmann, Uta / Svensson, Jakob (2017): Introduction to Visual Communication in the Age of Social Media:Conceptual, Theoretical and Methodological Challenges. Media and Communication. Volume 5, Issue 4.

Rußmann, Uta (2018): Output-orientierte Forschungsansätze zur Analyse(digitaler) Regierungskommunikation und staatlicher Öffentlichkeitsarbeit – Herausforderungen und Möglichkeiten. In: Raupp J., Kocks J., Murphy K. (eds) Regierungskommunikation und staatliche Öffentlichkeitsarbeit. Wiesbaden: Springer VS.

Ryte (o.J): Digital Native, unter: https://de.ryte.com/wiki/Digital_Native (abgerufen am 14.04.2020).

Sachse- Henninger, Caroline (2017): Großteil der Unternehmen nutzt Social Media, unter: https://www.pressesprecher.com/nachrichten/grossteil-der-unternehmen-nutzt-social-media-587804630 (abgerufen am 14.4.2020).

Saferinternet (2018): Mindestalter: Ab wann dürfen Kinder WhatsApp, Instagram & Co. nutzen?, unter: https://www.saferinternet.at/news-detail/mindestalter-ab-wann-duerfen-kinder-whatsapp-instagram-co-nutzen/#:~:text=Was%20passiert%2C%20wenn%20sich%20Kinder,durch%20falsche%20Altersangaben) (abgerufen am 23.07.2020).

Saferinternet (2020): Jugend Internet Monitor, unter: https://www.saferinternet.at/services/jugend-internet-monitor/ (abgerufen am 14.04.2020).

Schneckenleitner, Peter (2017): How Politicians in Austria Obtain Information and Its Consequences for Corporate Communications Activities. In: Becker T., Schneckenleitner P., Reitberger W., Brunner-Sperdin A. (eds) Conference Proceedings Trends in Business Communication 2016. Wiesbaden: Springer Gabler.

Schulz, Eva (2020): Anzahl der Internetnutzer und der Social Media-Nutzer in Österreich im Jahr 2020, unter: https://de.statista.com/statistik/daten/studie/530394/umfrage/internetnutzer-sowie-social-media-nutzer-in-oesterreich/#:~:text=4%2C4%20Millionen%20Menschen%20in,Facebook%2C%20Instagram%20oder%20Twitter%20regelm%C3%A4%C3%9Fig (abgerufen am: 28.5.2020).

Schulz, Eva 2 (2020): Altersverteilung der österreichischen Instagram-Nutzer im Jahr 2019, unter: https://de.statista.com/statistik/daten/studie/512308/umfrage/instagram-nutzerzerzahlen-fuer-oesterreich-nach-alter/#:~:text=Im%20Vergleich%20zu%20Facebook%20ist%20die%20Nutzerschaft%20von%20Instagram%20j%C3%BCnger.&text=In%20%C3%96sterreich%20hat%20Instagram%20mit,hinter%20YouTube%20und%20Facebook%20etabliert (abgerufen am: 28.5.2020).

Schwender, Clemens et al. (Hrsg) (2019): zeigen – andeuten – verstecken: Bilder zwischen Verantwortung und Provokation. Köln: Halem.

Scholz, Heinke (2017): Social Networks: Funktionen, Marktstellung, Nutzung. In: Scholz H. (eds) Social goes Mobile - Kunden gezielt erreichen. Wiesbaden: Springer Gabler.

Shea, E. (2013): Instagram registers consumer engagement 18 times that of Facebook, unter: http://www.mobilemarketer.com/cms/news/research/15882.html (abgerufen am: 17.06.2020).

Smilansky, Oren. (2015): "Why Instagram, Tumblr, and Pinterest Matter to Brands: Pictures Are worth a Thousand Words, and Companies Can't Afford to Block Them Out." CRM Magazine 19(8), unter: https://www.questia.com/magazine/1G1-422448387/why-instagram-tumblr-and-pinterest-matter-to-brands (abgerufen am: 10.05.2020).

Statistik Austria (2019): Unternehmen mit Internetzugang, Website und Social Media 2019, unter:

http://www.statistik.at/web_de/statistiken/energie_umwelt_innovation_mobilitaet/informationsgesellschaft/ikt-einsatz_in_unternehmen/022195.html (abgerufen am 13.04.2020).

Statistik Austria 2 (2019): Personen mit Internetnutzung für folgende private Zwecke 2019, unter:

http://www.statistik.at/web_de/statistiken/energie_umwelt_innovation_mobilitaet/informationsgesellschaft/ikt-einsatz_in_haushalten/024571.html (abgerufen am 14.04.2020).

Tefertiller, A. C. (2018): Like Us on Facebook: Social Capital, Opinion Leadership, and Social Media Word-of-Mouth for Promoting Cultural Goods. The Journal of Social Media in Society, 7(2).

Ting, H., Ming, W. W. P., de Run, E. C., & Choo, S. L. Y. (2015): Beliefs about the Use of Instagram: An Exploratory Study. International Journal of Business and Innovation. Vol. 2, Issue 2.

Valentini, C. (2015): Is using social media "good" for the public relations profession? A critical reflection. Public Relations Review, 41(2).

Wenzler, Michael/ Schmidthaler, Michael ( 2019): Readiness, Use and Enablers of Digital Customer Interaction Tools in Austria. In: Cross Cultural Business Conference. FH OÖ. Steyr. Unter: (https://www.researchgate.net/profile/Martina_Gaisch/publication/333480972_Proceedings_of_Cross-cultural_Business_Conference_2019/links/5cefcb9d4585153c3da63659/Proceedings-of-Cross-cultural-Business-Conference-2019.pdf#page=100) (abgerufen am 12.3.2020).

Wimmer, Katharina (2010): Online PR im Zeitalter von Social Media. Hamburg: Bachelor+ Master Publishing (2013).

Winterhager, H. (2019): Social Media in der Öffentlichkeitsarbeit großer Bibliotheken im internationalen Vergleich: Strategien–Umsetzung–Best Practic (Master's thesis, Humboldt-Universität zu Berlin), unter: https://edoc.hu-berlin.de/handle/18452/20875 (abgerufen am 13.04.2020).

WKÖ (2011): 48 Prozent der österreichischen Betriebe nutzen soziale Medien – Erhebung der WKO. Präsentationsunterlagen zur Pressekonferenz in Hinterholzer, T., & Jooss, M. (2013). Social media marketing und-management im tourismus. Heidelberg: Springer Berlin.

WKÖ (2018): Statistik, unter: http://wko.at/statistik/kmu/GK_LSE_NACE.pdf?_ga=2.32857726.1112610162.1594054598-383538267.1580140162 (abgerufen am 20.07.2020).

WKO. (2020): SOCIAL MEDIA ERFOLGREICH NUTZEN, Version 9.0, unter: https://www.wko.at/service/innovation-technologie-digitalisierung/wko-guide-social-media.pdf (angerufen am: 5.6.2020).

Zerfass, A./ Moreno, Á./ Tench, R./ Verčič, D./ Verhoeven, P. (2017):

European Communication Monitor 2017. How strategic communication deals with the challenges of visualisation, social bots and hypermodernity. Results of a survey in 50 Countries. Brussels: EACD/EUPRERA, Quadriga Media Berlin, unter: https://www.communicationmonitor.eu/2017/06/04/ecm-european-communication-monitor-2017-social-bots-visualisation-hypermodernity-benchmarking-strategic-communication/, (abgerufen am: 17.06.2020).

Zurstiege, G. (2007): Werbeforschung. Konstanz: UVK Verlagsgesellschaft.

Anhang

# Umfrage zur Nutzung sozialer Netzwerke

Seite 1

**Social Media & Business**

**Quelle:** http://fipoblog.de/2019/11/social-media-marketing-marktchancen-wachstum-und-prognosen-fur-das-kommende-jahr- bis-2026-linkedin-google-edition-twitter-instagram-snapchat-weibo-tencent-line-kakao-talk-momo-microsoft-w/,**Zugriff am: 04.06.2020**

Liebe/r Unternehmerin/in,

mein Name ist Barbora Penkava, ich studiere MA PUKW an der Universität Wien und verfasse derzeit meine Seminararbeit.

Instagram, Facebook, Youtube und co. sind heutzutage für die meisten keine Fremdwörter mehr und vor allem wenn es um die Erreichung unternehmerischer Strategieziele, zum Beispiel in der PR, ein wichtiges Tool.

Ziel dieser Arbeit ist es herauszufinden, welchen Stellenwert die visuelle Kommunikation in den sozialen Netzwerken für die Unternehmen in Österreich hat.

Dazu würde ich von Ihnen gerne mehr über Ihr Nutzungsverhalten in den sozialen Netzwerken erfahren.

Dieser Fragebogen umfasst 19 einfache Fragen. Bitte markieren Sie die Antwort bzw. mehrere Antworten, die auf Sie zutreffen, mit einem Klick.

Die Bearbeitungsdauer dieser Umfrage beträgt etwa 5 Minuten. Für den Erfolg der Studie ist es wichtig, dass Sie den Fragebogen vollständig ausfüllen und keine der Fragen auslassen.

Alle Daten werden anonym erhoben, sie werden Ihrem Unternehmen nicht zugeordnet und werden streng vertraulich behandelt.

Als Anreiz für die Beantwortung dieser Umfrage können Sie mir am Ende des Fragebogens Ihre Emailadresse hinterlassen und ich werde Ihnen die Forschungsarbeit im Sommer zuschicken.

Vielen Dank für deine Teilnahme.

**Seite 3**

Allgemeine Fragen zu Ihrem Unternehmen

**F1 Bitte geben Sie an, wann ihr Unternehmen gegründet wurde.**

Angabe in Jahren, zB. 2000

[                              ]

**F2 In welchem Bundesland ist ihr Unternehmen tätig?**

mehrfach Antwort möglich

☐ Wien

☐ Burgenland

☐ Kärnten

☐ Niederösterreich

☐ Salzburg

☐ Oberösterreich

☐ Steiermark

☐ Tirol

☐ Voralberg

☐ Ausland

**F3 Würden Sie Ihr Unternehmen als ein StartUp bezeichnen?**

Zutreffendes bitte anklicken

◯ ja

◯ nein

**F4 In welcher Branche ist ihr Unternehmen tätig?**

Zutreffendes bitte anklicken

◯ FINANZ- UND VERSICHERUNGSDIENSTLEISTUNGEN

◯ BEHERBERGUNG UND GASTRONOMIE

◯ HANDEL

◯ INSTANDHALTUNG UND REPARATUR VON KRAFTFAHRZEUGEN

◯ andere

**F5 Auf welcher Höhe beliefen sich Ihre Umsatzerlöse für das Jahr 2019?**

Zutreffendes bitte anklicken

◯ < 200.000 €

◯ 200-700.000 €

◯ < 1Mio €

◯ < 2Mio €

◯ < 10Mio €

○ < 50Mio €

○ ≥ 50Mio €

**F6 Wie viele Beschäftigte sind in Ihrem Unternehmen tätig?**

Zutreffendes bitte anklicken

○ < 10

○ 10-49

○ 50-249

○ >249

**F7 An welche Handelsbeziehung richtet sich Ihr Unternehmen?**

mehrfach Antwort möglich

☐ B2B

☐ B2C

**F8 Haben Sie in Ihrem Unternehmen eine definierte Zielgruppe hinsichtlich der demografischen Merkmale wie Alter oder das Geschlecht?**

Zutreffendes bitte anklicken

○ Ja

○ Nein

○ Zielgruppe nach anderen Merkmalen definiert

**F9 Welche Personen gehören zu Ihrer Zielgruppe?**

Zutreffendes bitte anklicken

○ Frauen

○ Männer

○ Das Geschlecht spielt keine Rolle

**F10 Welche Altersgruppen gehören zu Ihrer Zielgruppe?**

Mehrfach Antwort möglich

☐ < 6 Jahre

☐ 6-12 Jahre

☐ 13-16 Jahre

☐ 17-24 Jahre

☐ 25-34 Jahre

☐ 35-44 Jahre

☐ 45-54 Jahre

☐ 55-64 Jahre

☐ 65-74 Jahre

☐ >75 Jahre

☐ das Alter spielt keine Rolle

Fragen zu Ihrem Nutzungsverhalten in den sozialen Netzwerken

**F11 Welche sozialen Netzwerke nutzen Sie in Ihrem Unternehmen?**

Mehrfach Antwort möglich

Wenn Sie mit "keine" antworten, wird die Umfrage sofort beendet, da sich die weiteren Fragen nur auf das Nutzungsverhalten in den sozialen Netzwerken beziehen.

- [ ] Facebook
- [ ] Instagram
- [ ] Snapchat
- [ ] Youtube
- [ ] Twitter
- [ ] Tumbrl
- [ ] Flickr
- [ ] Pinterest
- [ ] LinkedIn
- [ ] andere
- [ ] keine

# Seite 4

**F12 Nutzen Sie soziale Netzwerke in Ihrem Unternehmen für Ihre PR ?**

Zutreffendes bitte anklicken

*PR= beschreibt die Gestaltung öffentlicher Kommunikation eines Unternehmens.

○ ja

○ nein

**F13 Haben Sie eigene PR Abteilung, outsourcen Sie oder machen Sie alles selber?**

Mehrfachantwort möglich

* PR= Tätigkeiten, um auf ihr Unternehmen aufmerksam zu machen, Imagebildung, Kundenbindung etc.

☐ Eigene Abteilung/Mitarbeiter

☐ Outsourcing/anderes Unternehmen

☐ selber

**F14 Bewerten Sie folgende Aussagen auf einer Skala von 1-5 bezüglich des Vehaltens in den sozialen Netzwerker**

| | 1 = stimme voll zu | 2 = stimme eher zu | 3 = unentschieden | 4 = stimme eher NICHT zu | , 5 =stimme nicht zu |
|---|---|---|---|---|---|
| Der Unternehmenserfolg wird von dem Einsatz sozialer Netzwerke beeinflusst. | ○ | ○ | ○ | ○ | ○ |
| Das Visuelle (Fotos, Videos..) ist wichtiger als der Informationsgehalt. | ○ | ○ | ○ | ○ | ○ |
| Wichtige Informationen sollten mit/ mittels eines Bildes/ Videos präsentiert werden. | ○ | ○ | ○ | ○ | ○ |
| Es sollte ausschließlich mithilfe von Bildern/ Videos kommuniziert werden. | ○ | ○ | ○ | ○ | ○ |
| Es sollten ausschließlich Texte verfasst werden. | ○ | ○ | ○ | ○ | ○ |

**F15 Nutzen Sie in Ihrem Unternehmen die Storyfunktion?**
(Mit ja antworten, wenn eine Regelmäßigkeit besteht, täglich, wöchentlich, nicht wenn Sie zB. bloß 3x in den vergangenen 6 Monaten eine Story "gemacht" haben.)

Zutreffendes bitte anklicken

*Die Storyfunktion wird von Facebook, Instagram, WhatsApp und von Snapchat angeboten. Hierbei veröffentlicht man für 24 Stunden Bilder und Videos. Nach dieser Zeit werden sie gelöscht.

○ ja

○ nein

**F16 Wie häufig (im Durchschnitt) posten Sie Content auf Ihren sozialen Netzwerken?**

Zutreffendes bitte anklicken

*Content= Inhalt in den sozialen Medien

○ Mehrmals täglich

○ täglich

○ mehrmals pro Woche

○ wöchentlich

○ keine Regelmäßigkeit

○ sehr selten (zB 1x/Monat)


**F17 Wie häufig posten Sie Bilder oder Videos?**

Zutreffendes bitte anklicken

○ Mehrmals täglich

○ täglich

○ mehrmals pro Woche

○ wöchentlich

○ keine Regelmäßigkeit

○ sehr selten (zB 1x/Monat)

**F18 Möchten Sie in Zukunft mehr Ressourcen in diesen Bereich investieren?**

Zutreffendes bitte anklicken

○ ja

○ nein

**F 19 Wurde während der Coronakrise mehr mittels sozialer Netzwerke kommuniziert als üblicherweise?**

Zutreffendes bitte anklicken

○ ja

○ nein

**Vielen Dank für Ihre Teilnahme!**

**Wenn Sie Interesse an dieser Forschungsarbeit haben, tragen Sie hier Ihre Email Adresse ein.**

[                              ]

» Umleitung auf Schlussseite von Umfrage Online

# BEI GRIN MACHT SICH IHR WISSEN BEZAHLT

- Wir veröffentlichen Ihre Hausarbeit, Bachelor- und Masterarbeit

- Ihr eigenes eBook und Buch - weltweit in allen wichtigen Shops

- Verdienen Sie an jedem Verkauf

Jetzt bei www.GRIN.com hochladen und kostenlos publizieren

Ingram Content Group UK Ltd.
Milton Keynes UK
UKHW010819260623
424053UK00004B/311